HENDRIE WEISINGER

Wie sag ich's meinem Chef

HENDRIE WEISINGER

Wie sag ich's meinem Chef?

Mit positiver Kritik zum Ziel

Aus dem Amerikanischen
von Jürgen Ulrich Lorenz

Econ

Die amerikanische Originalausgabe erschien 1999 unter dem Titel
The Power of Positive Criticism *bei AMACOM.*
All rights reserved. Authorized translation from the English language
edition published by AMACOM, an imprint of AMA Publications,
a division of Amercian Management Association, 1601 Broadway,
New York, NY 10019.

Der Econ Verlag ist ein Unternehmen
der Econ Ullstein List Verlag GmbH & Co. KG, München

1. Auflage 2002

ISBN 3-430-19553-5

© 1999 by Hendrie Weisinger
© für die deutsche Ausgabe 2002
by Econ Ullstein List Verlag GmbH & Co. KG, München
Lektorat: Christoph Reudenbach
Alle Rechte vorbehalten. Printed in Germany
Herstellung: Helga Schörnig
Gesetzt aus der Stone Serif
bei Schaber Satz- und Datentechnik, Wels
Druck und Bindearbeiten: Clausen & Bosse, Leck

Dieses Buch widme ich den New York Yankees,
die mir schon seit über 40 Jahren Nervenkitzel,
Anregungen und Motivation liefern und mir
häufig halfen, den harten Realitäten des Lebens
zu entfliehen.

Inhalt

Danksagung

Nachdem ich sechs Bücher geschrieben habe, möchte ich anerkennend feststellen: Mein Team ist so gut, dass es mit den Spitzenmannschaften der New York Yankees in den Jahren 1927, 1961 und 1968 verglichen werden kann. Ich danke allen – auch denen, die ich hier aus Platzgründen nicht nennen kann –, dass sie meine Arbeit an diesem Buch so begeistert und tatkräftig unterstützt haben. Um in der Sprache des Baseballs zu bleiben, stelle ich hier meine »Mannschaft« vor:

Erste Ecke: Lee Sachs gehört schon über 30 Jahre zu meinem Team. Er ist ein guter Ratgeber, hat ein gutes Auge für Qualität und ihm unterlaufen kaum Fehler.

Zweite Ecke: Wie Richardson ist Erich Koch sehr zuverlässig, hat eine sichere Hand und kommt groß heraus. Er ermutigt mich stets, neue Herausforderungen anzunehmen.

Innenfeld zwischen zweiter und dritter Ecke: Ähnlich wie Kubek ist Steve Gold als hervorragender Fänger stets ruhig und ausgeglichen. Darüber hinaus ist er mein Kanupartner. Er versteht es, gute Laune zu verbreiten.

Dritte Ecke: Richard Green gehört seit über 40 Jahren zu meinem Team. Er hat viel Humor, der ansteckend wirkt, und die beste Handschrift von allen Teammitgliedern.

Linksaußen: Alan Driefus gehört schon lange zu meinem Team und half mir häufig, komplexe Probleme zu lösen.

Rechtsaußen: Mel Kinder hat immer wieder neue Ideen. In gewisser Weise hat er sich von Maris in Bauer verwandelt.

Mittelstürmer: Lenny Levine verbindet die Kraft von Mick mit der Eleganz von Dimag. Er hält die Außenstürmer zusammen und ist stets rücksichtsvoll.

Fänger: Kenny Cinnamon verkörpert die Kombination von Berra und Dickey. Ihm entgeht nichts und er handelt immer vorausschauend. Er führt das Innenfeld.

Werfer: Auf Ron Podell kann man sich verlassen. Mit der Übersicht von Catfish und der Cleverness von Ford findet er immer einen Weg, um zu gewinnen.

Schlagmann: Obgleich Simon Klebenow noch nicht lange zu meinem Team gehört, hat er mich tatkräftig unterstützt.

Reservespieler: Howard Norman hat schon von Los Angeles über Texas, bis Washington Feuerwehr gespielt. Wie Shantz Arroyo und Rivera kann er sich auch bei Stress konzentrieren.

Bank: Aus Platzgründen kann ich hier nur die Reservespieler aufführen, die mein Team wesentlich unterstützt haben: Wharton, Penn State, Cornell, RPI, NYU, IMS, University of California, Lorie Weisinger, Thelma Weisinger, Ronnie Fagin, Elliot Macht, Sandy Billings, Kenny Shapiro, The Learning Circle und die Young Presidents Organization.

Schlagholz-Boy: Ohne Danny Weisinger wäre mein Team nicht vollständig.

Cheerleader: Bri Weisinger muntert mich stets auf.

Teamveränderungen: Die Meisners setzen ihre Ausbildung fort. Alle Teammitglieder hoffen, dass sie zurück sind, wenn das siebente Buch ausgearbeitet wird.

Überblick: Von den neun Stammspielern und der Reservebank erhalte ich viel Unterstützung. Teamkonflikte könnten eigentlich nur entstehen, weil Richard Green ständig Ron Podell beim Golf schlägt.

Einleitung

Auf der Konferenz eines größeren Finanzdienstleisters hatte ich gerade meine Präsentation über erfolgreiche Kritik beendet, als mir der Vorstandsvorsitzende mit Handschlag gratulierte und bemerkte: »Mir war vorher gar nicht bewusst, dass Kritik solch ein komplexer und wichtiger Prozess ist.«

Da ich mich als Psychologe seit über 20 Jahren mit Kritik beschäftige, halte ich diese Bemerkung für eine Untertreibung. Mein Interesse an diesem Thema wurde geweckt, als ich erlebte, wie ein Professor einen Studienkollegen vor den anderen Studenten destruktiv kritisierte.

Kritik ist ein komplexer Vorgang. Die Wortwahl, die Stimmungen und Gefühle beider Seiten, die Art der Beziehung, der Inhalt der Kritik, Zeit und Ort der Kritik sowie zahlreiche andere Variable führen dazu, dass es sehr komplex und schwierig ist, Kritik zu üben oder zu akzeptieren. In zahlreichen Studien wurde festgestellt, dass Kritik meistens nicht konstruktiv geübt wird.

Kritik ist wichtig, weil sich das kritisierte Verhalten und kritisierte Situationen nachteilig auf unser Wohlergehen auswirken können. Bei der Arbeit wird unproduktives Verhalten kritisiert. Im gesellschaftlichen Leben werden Verhaltensweisen und Situationen kritisiert, die sich negativ auf unser tägliches Leben auswirken. Wenn Sie die Tageszeitung lesen und Nachrichten hören, dann stellen Sie fest, dass vielfach Kritik geübt wird. In den Nachrichten erfahren wir, welche Ereignisse wichtig sind und welches Verhalten oder welche Situation genauer betrachtet und kritisiert werden muss. Kritik ist wichtig, weil sie uns sagt, *was* wichtig ist.

Im Rahmen von Leistungsbeurteilungen, Teamarbeit, Qualitätskontrolle und Konfliktbewältigung ist Kritik unverzichtbar. Sie bestimmt, wie gut eine Aufgabe durchgeführt wird. So kann ein Team zum Beispiel nicht erfolgreich arbeiten, wenn sich die Teammitglieder nicht gegenseitig kritisieren. Wenn ein Vorgesetzter keine Kritik akzeptieren kann oder wenn diejenigen, die eng mit ihm zusammenarbeiten, ihn nicht kritisieren, dann hat er kaum die Möglichkeit, seine Führungsfähigkeiten zu entwickeln. Im Kundendienst dreht es sich darum, Kritik von Kunden entgegenzunehmen, um die Produkt-Service-Kombination zu verbessern. Grundsätzlich ist kein Job von Kritik ausgenommen.

Kritik kann große Auswirkungen haben. Sie kann Karrieren fördern oder beenden. Sie kann dazu beitragen, dass ein Unternehmen floriert oder in Schwierigkeiten kommt. Sie weckt auch starke Gefühle und Emotionen, die von Ärger bis Begeisterung reichen. Sie beeinflusst unsere Arbeitseinstellung.

Das Anliegen dieses Buches erschöpft sich selbstverständlich nicht nur in der Erkenntnis, dass Kritik wichtig ist. In den letzten 20 Jahren wurde im Rahmen empirischer Studien festgestellt, dass positive Kritik für den persönlichen und geschäftlichen Erfolg entscheidend ist. Erfolg wird hier in einem umfassenden Sinn definiert und schließt Freude an der Arbeit, bessere Arbeitsbeziehungen, ein gesteigertes Selbstwertgefühl, Produktivitätsverbesserungen und bessere Ergebnisse ein.

Mit diesem Buch möchte ich vielmehr einen Beitrag leisten, dass Sie Ihre Kritikfähigkeit verbessern und die Kraft positiver Kritik nutzen können. Ich beschreibe, wie Sie Kritik als

Methode zur Motivation, Information und Verbesserung sowie zur Entwicklung von Beziehungen nutzen können.

Kritik in dieser Weise positiv zu nutzen stimmt mit dem ursprünglichen Ziel der Kritik überein. Der Begriff »Kritik« stammt aus dem Griechischen. »*Kritikos*« bedeutet »Fähigkeit zu erkennen oder zu beurteilen«, das heißt der Kritiker beurteilt die Vor- und Nachteile einer Situation oder eines Sachverhalts. Kritik verfolgt das Ziel, zu kommunizieren, zu beeinflussen und zu motivieren.

Im Beurteilungsprozess spielte Kritik in der griechischen Philosophie eine wichtige und positive Rolle. Sie trug dazu bei, dass man seine Ziele und sein Verhalten realistisch betrachtete, sie zeigte auf, wie man etwas lernen konnte, sie erhöhte die Toleranz gegenüber anderen Meinungen. Aber im Lauf der Zeit wurde dieses Konzept der Kritik aus verschiedenen Gründen so verzerrt, dass Kritik schließlich nur noch eine negative Bedeutung hatte.

Dieses Buch hilft Ihnen, Kritik in ihrem ursprünglichen Sinn der griechischen Philosophie zu verwenden und die Kraft positiver Kritik zu nutzen.

Dieses Buch ist in zwei Teile gegliedert. Teil I besteht aus 20 nützlichen Tipps, um die Kraft positiver Kritik zu nutzen. Das Kapitel »Anwendung der Tipps für positive Kritik« veranschaulicht, wie eine ursprünglich negative Kritik in eine positive Kritik verwandelt werden kann.

In Teil II wird das Verhalten in schwierigen Arbeitssituationen behandelt. Für jede Situation wird diskutiert, welche Faktoren die Schwierigkeiten verursachen, dann werden Methoden beschrieben, die sich in der Praxis bewährt haben, um erfolgreich mit diesen schwierigen Situationen fertig zu werden.

Das Buch schließt mit Beobachtungen über Kritiker, die ständig die Kraft der positiven Kritik nutzen.

Im Anhang finden Sie einen Fragenkatalog, den Sie verwenden können, um Ihre spezifische Situation zu definieren.

TEIL I

20 Tipps für positive Kritik

In Teil I werden 20 Tipps für positive Kritik vorgestellt. Die Tipps beruhen auf psychologischen Theorien, empirischer Forschung und klinischen Erfahrungen. Diese Empfehlungen beschreiben Möglichkeiten, Kritik zu üben und zu akzeptieren, die sich in der Praxis bewährt haben.

Jeder Tipp spiegelt verschiedene Aspekte und Faktoren wider, die den Kritikprozess beeinflussen. Alle Tipps können angewendet werden, um Kritik zu üben und zu akzeptieren, obwohl sich manche Tipps stärker darauf beziehen, auf eines der beiden Felder konzentrieren. In manchen Situationen reicht es, wenn Sie einen Tipp berücksichtigen, aber manchmal müssen Sie auch mehrere Tipps kombinieren. Um die Kraft positiver Kritik zu nutzen, müssen Sie die Tipps an Ihre konkrete Situation anpassen.

Nehmen Sie Kritik an

Im Arbeitsprozess ist Kritik unvermeidlich, dabei spielt es keine Rolle, ob Sie Manager, Lehrer, Bankier, Bäcker, Verkäufer, Bauarbeiter, Architekt, Sekretärin, Berater, Beamter, Chauffeur, Pilot oder Briefträger sind. Ihre Arbeit ist mit Kritik verbunden. Und daher sollten Sie Kritik so annehmen, dass es für Sie vorteilhaft ist.

Nach meinen Erfahrungen vertreten viele Arbeitnehmer bedauerlicherweise eine andere Auffassung. Ich habe Hunderte von Seminaren mit der Frage begonnen: »Wer von Ihnen kommt jeden Tag nach Hause und sagt zu seiner Partnerin: ›Mann! Das war toll heute. Ich wurde kritisiert.‹« Viele Teilnehmer lächelten, aber nur wenige meldeten sich. Ich fasse dann nach und frage: »Was macht es so schwierig, Kritik anzunehmen? Warum ist es so schlecht, kritisiert zu werden?«

Regelmäßig erhalte ich dann die folgenden Antworten, die vielleicht auch Ihrer Auffassung entsprechen: »Kritik ist negativ«, »Kritik bedeutet, dass ich etwas falsch gemacht habe und etwas ändern muss«, »Ich bin doch nicht so gut, wie ich dachte«, »Kritik weist auf meine Fehler hin«, »Kritik bedeutet, dass ich meinen Job nicht richtig mache.«

Dann fordere ich die Seminarteilnehmer auf, die andere Seite der Medaille zu betrachten, und frage. »Wer liebt es, Kritik zu üben?« Wie zuvor heben nur wenige die Hand.

Dann frage ich: »Warum ist es unangenehm, jemanden zu kritisieren?« Jetzt melden sich viele: »Ich will die Gefühle meiner Kollegen nicht verletzen«, »Ich habe nicht das Recht, Kollegen zu kritisieren«, »Ich weiß nicht, wie der Betreffende reagiert«, »Ich will nicht kritisieren«, »Ich will kein Problem verursachen«, »Ich habe Angst, wie der Kritisierte reagiert.«

Wenn ich solche Reaktionen höre, verstehe ich, warum es vielen Leuten schwer fällt, Kritik zu üben und zu akzeptieren. Sie denken negativ über Kritik.

Es ist eine bekannte psychologische Tatsache, dass Ihre Gedanken beeinflussen, wie Sie sich fühlen und wie Sie handeln. Wissenschaftlich spricht man von *kognitiver Einschätzung*, einem geistigen Prozess, der uns hilft, zu definieren, was um uns herum geschieht. Seine Wurzeln liegen in den besonderen Eigenschaften und Umständen – familiärer Hintergrund, natürliche Begabungen, körperliches Aussehen, Gesundheit, Glauben, Befürchtungen und Hoffnungen –, die unsere Persönlichkeit prägen. Auf dieser Grundlage interpretieren wir unsere Umgebung, äußere Ereignisse sowie Situationen bei der Arbeit und zu Hause.

Wie wir eine Situation interpretieren, hängt offensichtlich von den Umständen ab. Der entscheidende Punkt ist jedoch, unabhängig davon wie wir eine Situation beurteilen, löst diese Einschätzung die Gefühle und das Verhalten aus, die folgen.

Wie *beurteilen* Sie Kritik? Wenn Sie ähnlich reagieren wie meine Seminarteilnehmer, dann werden Sie Kritik negativ beurteilen. Aus dieser negativen Beurteilung ergibt sich, dass Sie fast immer unangenehme Gefühle haben und kontraproduktiv für Ihre Interessen handeln. Je negativer Kritik für Sie ist, desto wahrscheinlicher ist es, dass Sie auf die Kritik abwehrend reagieren. Weil Kritik so häufig ist, kann bereits die Vorstellung, dass Ihre Präsentation von den Teammitgliedern kritisiert wird, Angst auslösen.

Im Personalwesen und in Weiterbildungsabteilungen wird daher häufig die Auffassung vertreten, den Begriff »Kritik« überhaupt nicht zu verwenden, da er von den meisten als negativ empfunden wird. Anstelle von »Kritik« wird daher der günstigere Begriff »Feedback« verwendet. Manche Unternehmen halten dies für so wichtig, dass sie den Begriff »Kritik« völlig aus ihrem Sprachschatz gestrichen haben.

Aber ist das wirklich sinnvoll? Ich will zwei Gründe nennen, warum es wichtig ist, Kritik auch »Kritik« zu nennen. Erstens steht es Ihnen selbstverständlich frei, Kritik so zu benennen, wie Sie wollen. Nehmen wir an, Sie entscheiden sich für »Feedback«. Ich komme daraufhin zu Ihnen und sage: »Hallo, ich möchte Ihnen ein Feedback über ihre Präsentation (oder Vorschläge beziehungsweise Hinweise) geben.« Dann gebe ich Ihnen mein Feedback.

Aber ich kann Ihre Gedanken nicht kontrollieren. Nach einigen Sekunden denken Sie nämlich: »Halt! Er gibt mir kein Feedback, sondern er kritisiert mich.« Und da Sie Kritik als negativ empfinden, nehmen Sie eine Abwehrhaltung ein, obwohl ich den Begriff »Feedback« verwende.

Mit anderen Worten, da wir alle Kritik üben und kritisiert werden, können Sie auch den Begriff »Kritik« verwenden. Außerdem trägt dies auch dazu bei, den Begriff anzunehmen.

Wenn Sie den Begriff »Feedback« verwenden und den Begriff »Kritik« vermeiden, geschieht das Gegenteil. Dieses Verhalten unterstellt, dass Kritik negativ ist. Durch Ignorieren oder Vermeidung des Begriffs »Kritik« verzichten Sie auf die Möglichkeit zu lernen, wie man mit Kritik fertig wird. Es ist besser, Kritik als Kritik zu verstehen, und zu lernen, sie zu akzeptieren. Nur weil man den Begriff vermeidet, wird die Tatsache der Kritik nicht abgeschafft. Der Kaiser trägt immer noch keine Kleider.

Der zweite Grund, warum es wichtig ist, Kritik auch »Kritik« zu nennen, beruht auf dem Charakter der Kritik, der sie von anderen Ersatzbegriffen wie zum Beispiel Feedback, Coaching oder Mentoring unterscheidet. Nur Kritik bezieht sich auf die Beurteilung eines Sachverhalts.

Wenn Sie den Marketingbericht Ihres Kollegen lesen, sollen Sie keinen Feedback geben, sondern den Bericht beurteilen und gegebenenfalls kritisieren. Wenn Sie eine Leistungsbeurteilung durchführen, müssen Sie eine Beurteilung abgeben. Wenn Sie kritisiert werden, fühlen Sie sich, als ob Sie beurteilt werden – und das stimmt.

Wir benötigen beurteilende Informationen. Wir müssen wissen, wie gut wir etwas machen, und wir müssen anderen Leuten mitteilen, wie gut sie etwas machen. Dies werden Sie sicherlich bejahen.

Kritik bezieht sich also darauf, dass eine Beurteilung mitgeteilt wird. Darum ist es so wichtig, Kritik zu akzeptieren. Durch eine Beurteilung erfahren wir etwas über uns selbst. Sie kann dazu beitragen, dass wir uns entwickeln oder verbessern. Wir erkennen, welche Entscheidungen zu treffen und welche Maßnahmen notwendig sind.

Beurteilende Informationen sind eine notwendige Voraussetzung, um lernen zu können. Daher ist Kritik für den persönlichen und geschäftlichen Erfolg so wichtig. Kritik ist ein Lernprozess.

Wenn der Begriff »Kritik« aus dem Sprachschatz und damit aus der Unternehmenskultur gestrichen wird, werden die Mitarbeiter daran gehindert, aus Beurteilungen zu lernen. Dadurch, dass man Kritik anders nennt (zum Beispiel Feedback), wird die Bedeutung der Kritik ignoriert, und das führt fast immer zu negativen Ergebnissen.

Um die Kraft positiver Kritik nutzen zu können, müssen Sie Kritik zunächst annehmen. Das bedeutet nicht einfach, sich nicht zu verteidigen, wenn Sie jemand kritisiert. Dies ist eine notwendige, aber nicht hinreichende Bedingung.

Es ist schwieriger, Kritik anzunehmen. Dafür ist eine Re-Psychologisierung erforderlich, das heißt eine Verinnerlichung der Auffassung, dass Kritik eine notwendige Voraussetzung ist, um erfolgreich zu sein. Das Endresultat ist, dass Sie Kritik schätzen.

Wie kann man nun Kritik annehmen? Am leichtesten ist es, Kritik wieder so zu verstehen, wie es den historischen Wurzeln dieses Begriffs entspricht. Dafür schlage ich zwei Maßnahmen vor. (Im Lauf der Jahre haben sich Ihre Auffassungen wahrscheinlich so verfestigt, dass Sie etwas unternehmen müssen, um Ihre Meinung zu ändern.)

Zunächst sollten Sie eine positive Bemerkung über Kritik auf einer Karte (Format 10,5 × 14,5 cm; ein Schild wäre noch besser) niederschreiben und dann sollten Sie diese Karte an sichtbarer Stelle anbringen. Jedes Mal, wenn Sie (und andere) diese Karte sehen, bekräftigen oder bestärken Sie die Neubeurteilung der Kritik als positiv. Sie könnten zum Beispiel schreiben: »Kritik ist hilfreich.« oder »Kritik vermittelt Fähigkeiten und Wissen.« Dies klingt vielleicht wie Hokuspokus, aber ich kann versichern, dass es wirkt, wenn Sie Ihre Auffassung über Kritik ändern wollen.

Der zweite Schritt ist etwas schwieriger, aber er lohnt sich. Sie sollten andere aktiv auffordern, Sie zu kritisieren. Überlegen Sie diesen Schritt genau. Fragen Sie nicht einfach nach Kritik; die negative Auffassung von Kritik könnte Ihre Kollegen veranlassen, Ihnen zu sagen, was Sie falsch machen, oder man würde Sie für sarkastisch oder arrogant halten.

Stattdessen sollten Sie sie bitten, Ihnen mitzuteilen, wie Sie erfolgreicher sein könnten. Danken Sie ihnen für die Kritik, wenn es gerechtfertigt ist. Wenn Sie in diesem Zusammenhang den Begriff »Kritik« verwenden, wird dies ihr Verständnis von Kritik in eine positive Handlung verwandeln und Ihre Frage nach ihren Bewertungen gibt Ihnen Praxis, Kritik anzunehmen.

Diese beiden Schritte ergänzen sich. Für je positiver Sie Kritik halten, desto leichter ist es, andere zur Kritik aufzufordern. Je mehr Sie von der Aufforderung nach Kritik profitieren, desto selbstverständlicher wird es für Sie, Kritik positiv zu beurteilen. Und wenn Sie Kritik annehmen, nutzen Sie ihre positive Kraft.

Kritisieren Sie überlegt

Im Allgemeinen hat sich die Auffassung durchgesetzt, dass Unternehmen eine Unternehmensstrategie benötigen. Leider hat sich die Auffassung noch nicht durchgesetzt, dass für Kritik auch eine Strategie erforderlich ist. Meine Erfahrungen zeigen, dass sich nur wenige die Zeit nehmen, genau zu überlegen, *was* sie in einem Kritikgespräch sagen wollen und *wie* sie es sagen wollen. In der Regel drücken sie ihre Gedanken so aus, wie sie es gerade empfinden – und das ist in der Regel negativ.

Wie ist bei Ihnen? Kritisieren Sie erst, nachdem Sie vorher überlegt haben? Versuchen Sie sich doch einmal daran zu erinnern, als Sie das letzte Mal einen Kollegen kritisiert haben. Wie lange hat es tatsächlich gedauert, um Ihre Kritik vorzubereiten? Oder haben Sie mit spontanen negativen Bemerkungen – beißend, sarkastisch, tadelnd oder anklagend mit Formulierungen wie »Sie haben Unrecht«, die Verärgerung auslösen statt eine Verbesserung zu bewirken – aus dem Stegreif kritisiert?

Wer ständig die Kraft positiver Kritik nutzt, handelt überlegt und strategisch. Er fühlt sich dafür verantwortlich, wie er kommuniziert. Er betrachtet sich selbst als Vorbild und verfolgt das Ziel, dass der Kritisierte die Kritik konstruktiv aufnimmt. Er weiß, dass der Kommunikationsprozess selbst wichtig ist, um die Reaktion des Kritisierten zu beeinflussen. Diese Philosophie entscheidet über den

Erfolg, weil sie dazu führt, Kritik im Voraus zu planen. Sie zwingt Sie, darüber nachzudenken, *was* Sie erreichen wollen, *was* Sie tatsächlich sagen werden und *wie* Sie es sagen werden. Dann können Sie überlegen, ob Sie die Kritik richtig formuliert haben.

Häufig wird eingewendet, dass man nicht die Zeit hat, im Voraus zu planen, wie man jemanden am besten kritisieren sollte. Es ist tatsächlich richtig, dass im Arbeitsleben Dinge geschehen, die eine sofortige Reaktion verlangen. Und wegen der Spontaneität und der Emotionalität der Situation sind wir nicht auf der Hut. Wir neigen dann dazu, negativ zu kritisieren und die Situation zu verschlechtern.

Selbstverständlich wissen wir auch, dass wir bei der Arbeit häufig auf Fehler hinweisen müssen. Wenn ich Vertriebsleitern die Frage stelle: »Wer von Ihnen kennt Situationen, in denen er einen Außendienstmitarbeiter kritisieren muss?«, hebt fast jeder die Hand. Die meisten Vertriebsleiter wissen eigentlich, wie sie neue Außendienstmitarbeiter kritisieren müssen. Das Gleiche gilt für Vorgesetzte von Studienreferendaren, Krankenschwestern oder Flugbegleitern. In solchen Situationen kann man lernen, richtig Kritik zu üben.

Der Vertriebsleiter, der seinen neuen Außendienstmitarbeiter kritisieren muss, weil das Verkaufsgespräch zu lang und zu unpersönlich war, denkt: »Wie kann ich dies so sagen, dass er es möglichst gut versteht?« Die Krankenschwester, die eine Lernschwester kritisieren muss, weil diese den Wunsch der Patienten ignoriert, angesprochen zu werden und sich zu unterhalten, kann überlegen, wie sie die Kritik am besten formuliert. Wenn die Stunde der Wahrheit kommt, sind der Vertriebsleiter und die Krankenschwester vorbereitet. Anstatt destruktive Bemerkungen zu machen, können sie ihren Standpunkt geschickt darlegen, weil sie die Kritik vorher überlegt haben. So können Sie das Verhalten ihrer Mitarbeiter positiv beeinflussen. Ihr strategisches Denken hält sie davon ab, die Situation zu verschlechtern.

Worin besteht der Trick, strategisch Kritik zu üben, um die Kraft positiver Kritik nutzen zu können? Sie müssen die Situation verstehen, in der Sie Kritik üben müssen. Bevor Sie Kritik üben, sollten Sie sich die folgenden Fragen stellen:

- Was will ich genau sagen?
- Was will ich verändern?
- Welche Motive verfolge ich mit meiner Kritik? (Wenn Sie aufgrund der schlechten Leistung eines Ihrer Mitarbeiter selbst kritisiert wurden, wollen Sie vielleicht nur die Kritik Ihres Chefs weitergeben. Hüten Sie sich davor, sich an einem Schwächeren zu revanchieren.)
- Welche konkreten Ziele und Lösungen kann ich anbieten? Was kann ich tun, um dem Kritisierten zu helfen, diese Ziele zu erreichen?

Sie können auch lernen, überlegt Kritik zu üben, wenn Sie eine Checkliste mit Fragen aufstellen, die Sie sich stellen sollten, bevor Sie Kritik üben. Wenn Sie sich an diese Checkliste halten, werden Sie sich diese Fragen in Zukunft automatisch stellen.

Wie sollte man sich in unvorhergesehenen Situationen verhalten, die eine sofortige Reaktion erfordern? Bevor Sie Kritik an Mitarbeitern, Kollegen, Teammitgliedern oder Kunden üben, sollten Sie sich die folgende Frage stellen: »Wie kann ich den Sachverhalt ausdrücken, damit der Kritisierte die Kritik akzeptiert?« Zweifellos wird die Beantwortung dieser Frage dazu beitragen, dass Sie die Kraft positiver Kritik nutzen können.

Zielen Sie lösungsorientiert auf Verbesserungen

Es entspricht einem natürlichen Wunsch, etwas zu verbessern oder besser zu handeln. Psychologische Studien und Erfahrungen in der Berufsausbildung zeigen, dass Leute bei Aufgaben, die für sie wichtig sind, ihr Bestes geben.

Wenn Sie zum Beispiel gern Golf spielen, brauchen Sie sicherlich nicht den Rat, dass Sie sich Mühe geben sollten. Aber Sie würden es wahrscheinlich begrüßen, wenn Ihnen jemand sagt, *wie* Sie am besten spielen sollten. Wenn Sie gern kochen, werden Sie sich bestimmt Mühe geben, dass das Gericht möglichst gut schmeckt, obwohl Sie vielleicht ein Kochbuch und einige Übung benötigen.

Für viele besteht das Problem darin, dass unser Wunsch nach Verbesserung durch Kritik erstickt wird. Warum? Weil die Kritik, die wir üben oder erhalten, meistens das Negative betont. Sie wird in der Regel unumstößlich formuliert. Dem Kritisierten wird gesagt, was er falsch gemacht hat, jede Möglichkeit der Verbesserung wird ausgeschlossen. Weil es anscheinend keine Möglichkeit zur Verbesserung gibt, verteidigt der Kritisierte seine Handlung, um sein Selbstwertgefühl zu schützen, anstatt Verbesserungsmöglichkeiten zu suchen. Die Kritik verliert ihre positive Kraft.

Unabhängig davon, ob man die Auffassung vertritt, dass Menschen nicht den Wunsch haben, sich zu verbessern, schwächt ständige negative Kritik das Selbstvertrauen des Kritisierten und er traut sich nicht zu, dass er die Aufgabe erledigen kann. Sein Interesse nimmt ab. Erzieher wissen, dass Kinder die Lust verlieren, sich mit einem bestimmten oder anderen Themen zu beschäftigen, wenn sie auf einem bestimmten Gebiet ständig negativ kritisiert werden (das heißt Betonung des Negativen).

Genauso wird der Vertriebsleiter, der den neuen Außendienstmitarbeiter nach drei Verkaufsgesprächen tadelt, nur erreichen, dass der neue Außendienstmitarbeiter glaubt, er sei für den Job nicht geeignet. Seine Gleichgültigkeit wird daher zunehmen und selbstverständlich weitere Kritik auslösen. Es klingt paradox, wenn ich darauf hinweise, dass Kritik dem Kritisierten helfen soll, sein Verhalten zu ändern oder seine Arbeit zu verbessern.

Betonen Sie bei Kritik das Negative? Denken Sie nur einmal an die letzten drei Gelegenheiten, als Sie Kritik geübt haben oder kritisiert wurden. Wenn Sie feststellen, dass ständig das Negative betont wurde, dann kann die Produktivität in Ihrem Unternehmen verbessert werden, wenn Sie den Aspekt der Verbesserung in den Mittelpunkt Ihrer Kritik stellen. Die Kritik hat dann die Aufgabe, herauszufinden: »Wie kann man es besser machen? Wie kann ich dem Kritisierten dabei helfen?« Dann fangen Sie an, konkret zu überlegen, wie Sie dem Kritisierten helfen können. Sie denken lösungsorientiert.

Eine Möglichkeit, Verbesserungen in den Mittelpunkt der Kritik zu stellen, besteht darin, den Blick auf die Zukunft zu richten. Betonen Sie, was der Kritisierte konstruktiv tun kann – nicht, was er in der Vergangenheit falsch gemacht hat. Anstatt einem neuen Mitarbeiter zu sagen: »Die Zusammenstellung der Daten ist völlig unzureichend«, was den Kritisierten sicherlich veranlassen wird, sich zu verteidigen, könnten Sie sagen: »Bei Ihrer nächsten Präsentation sollten Sie besser einen Overhead-Projektor verwenden, um die Daten zu zeigen. Dann können Sie Ihre Auffassung besser erklären.« Damit bieten Sie dem Mitarbeiter nicht nur eine Hilfestellung, sondern betonen auch, dass er eine weitere Chance erhält. Ihre Kritik enthält die vertrauensbildende Botschaft: »Ich traue Ihnen zu, dass Sie es schaffen.«

Veränderungen werden möglich, weil Sie betonen, was der Kritisierte nächstes Mal besser machen kann. Der Kritisierte fühlt sich sicherer, weil er weiß, dass er eine weitere Chance erhält. Sein Selbstbewusstsein wird gestärkt, weil der Kritiker glaubt, dass er die Aufgabe beim nächsten Mal lösen kann. Wenn er dies weiß, kann Ihr Mitarbeiter seine Energie auf die Verbesserung seiner Leistung konzentrieren, anstatt seine Arbeitsergebnisse zu verteidigen. Dann wirkt Kritik aufbauend, anstatt herabsetzend.

TIPP **4**

Verletzen Sie das Selbst-
wertgefühl des Kritisierten nicht

Ich hörte einmal, wie der Artdirector einer Werbeagentur einem Mitarbeiter sagte: »Das Layout ist überfrachtet, Sie haben die falschen Farben verwendet und Ihr Konzept macht keinen Sinn.« Ein Vertriebsleiter kritisierte seinen Außendienstmitarbeiter mit den folgenden Worten: »Sie haben die Chance vergeben. Sie müssen dem Kunden zuhören – Sie haben überhaupt nicht zugehört. Vielleicht ist dies nicht der richtige Job für Sie.«

Eine derartige Kritik verletzt das Selbstwertgefühl des Kritisierten, weil sie betont, dass der Kritisierte Fehler hat und zu verstehen gibt, dass er vielleicht nicht in der Lage ist, besser zu handeln.

Ein Sprichwort lautet: »Stock und Stein können meine Knochen brechen, aber Worte verletzen mich nie.« Wenn ein Sprichwort jemals unzutreffend war, dann dieses. Es ist bekannt, dass Worte mehr verletzen können als körperliche Schläge. Und Kritik kann sehr verletzen.

Kritik und Selbstwertgefühl stehen in einem engen Zusammenhang. Kritik kann das Selbstwertgefühl fördern oder verletzen. Im Folgenden will ich darum die psychologischen Erkenntnisse über das Selbstwertgefühl kurz erläutern.

Die Vorstellung über uns selbst entwickelt sich paradoxerweise nicht von innen, sondern wird von außen geprägt. Wir sehen uns so, wie es Robert Burns mit der folgenden Formulierung treffend ausdrückte: »Oh welche Kraft uns die Begabung gibt, uns so zu sehen, wie die anderen uns sehen!« Wir überlegen, welchen Eindruck wir auf andere machen und wie andere uns beurteilen. Das bestimmt größtenteils unseres Selbstwertgefühl.

Beginnend mit den ersten Bemerkungen von Mutter und Vater verarbeitet das Kind, was es sieht und hört – bestimmte Worte, Gesten, Gesichtsausdrücke, Tonlagen –, um zu erkennen, ob wichtige Bezugspersonen ein positives oder negatives Zeichen geben. Diese Auslegungen bilden die Grundlage des Selbstwertgefühls. Wenn wichtige Bezugspersonen das Kind stark kritisieren – das heißt das Negative betonen – entwickelt das Kind zwangsläufig ein Selbstbild, dem Selbstvertrauen und Zufriedenheit mit sich selbst fehlen. Das Kind betrachtet seine eigene Leistung – selbst wenn sie positiv ist – genauso wie die Bezugspersonen, indem es das Negative oder das Ungünstige der Situation betont. Die negative Kritik von wichtigen Bezugspersonen und die negative Selbstkritik tragen dazu bei, dass das Selbstwertgefühl gering ist.

Während ein hohes Selbstwertgefühl die Impulse liefert, neues und schwieriges Verhalten auszuprobieren, Beziehungen zu anderen aufzunehmen und sich von den Rückschlägen des Lebens schnell zu erholen, bewirkt ein geringes Selbstwertgefühl das Gegenteil. Es führt dazu, dass man an neue Aufgaben nur zögernd herangeht. Es erschwert, neue Beziehungen mit Kunden und Kollegen aufzubauen oder Schwierigkeiten zu überwinden. Und was am schlimmsten ist, ein geringes Selbstwertgefühl führt dazu, dass man sich schlecht fühlt.

Es gibt noch ein anderes Problem, das es schwierig macht, eine Person mit geringem Selbstwertgefühl zu kritisieren. Wenn eine Person mit geringem Selbstwertgefühl eine Aufgabe durchführt, geht sie mit Kritik wie folgt um. Erstens wird jede Kritik aus Gewohnheit als weitere Bestätigung verstanden, ein Verlierer zu sein. Es entstehen schnell negative Gedanken und die Kritik wird nie als positiv verstanden; sie wird einfach als negative Botschaft verarbeitet. Das geringe Selbstwertgefühl verfestigt sich. Zweitens wird Kritik als Angriff verstanden, der abgewehrt werden muss. Zu den Abwehrmaßnahmen gehören Entschuldigungen, Gefühlsausbrüche, Vergeltung und andere Reaktionen, die sich für den Kritisierten sehr nachteilig auswirken können.

In jedem Fall hindert ein geringes Selbstwertgefühl den Kritisierten daran, Kritik als *Lernprozess zu verstehen, der es einem erlaubt, Selbsterkenntnis zu entwickeln, indem man sieht, wie man von anderen wahrgenommen wird.* Diese Selbsterkenntnis erlaubt es, dass man sein Verhalten und/oder seine Arbeitsleistung verbessern kann.

Ein geringes Selbstwertgefühl ist nicht genetisch bedingt, sondern das Selbstwertgefühl des Kritisierten lässt sich beeinflussen, wenn Sie die Kraft positiver Kritik nutzen. Dies bedeutet im Wesentlichen, so zu kritisieren, dass das Selbstwertgefühl des Kritisierten nicht verletzt wird. Die Kritik wird dann produktiver, weil die Wahrscheinlichkeit steigt, dass der Kritisierte die Informationen unvoreingenommen aufnimmt und verarbeitet. Er braucht sich nicht zu verteidigen, wenn sein Selbstwertgefühl nicht verletzt wird. Wenn die Kritik nicht droht oder angreift, wird der negative pawlowsche Verteidigungsreflex ausgeschaltet. Dies gibt dem Kritisierten die Möglichkeit, anders und produktiver zu reagieren. Der Kritisierte kann die Informationen so nutzen, dass er etwas über sich erfährt, und, was genauso wichtig ist, Maßnahmen ergreift, die seine Leistung verbessern. Sein Selbstwertgefühl steigt und damit kann der Kritisierte erfolgreicher sein.

Wie können Sie bei der Kritik das Selbstwertgefühl des Kritisierten wahren? Die erste Möglichkeit besteht darin, geringschätzige Anreden und abfällige Bemerkungen zu vermeiden, die so häufig bei Kritik verwendet werden.

Wenn Kritik geringschätzig ist, wird sie als Herabsetzung verstanden und kann keine positive Wirkung haben. Eine zweite Möglichkeit besteht darin, dass Sie im Rahmen der Kritik nicht mit »richtig« oder »falsch« argumentieren. Der Druck, immer richtig handeln zu müssen, ist zu stark. Und niemand hört es gern, wenn man ihm sagt, dass er einen Fehler gemacht hat. Bei aufrichtiger Kritik gibt es im Übrigen kein »richtig« oder »falsch«, weil Kritik auf einer subjektiven Beurteilung beruht. Wenn ein Lektor ein Manuskript beurteilt, handelt es sich nicht darum, ob er objektiv Recht hat, sondern um seine persönliche Beurteilung. Doch wenn der Lektor behauptet, seine Auffassung sei richtig, dann muss die Auffassung des Autors falsch sein und sein Selbstwertgefühl wird verletzt. Die Ergebnisse einer derartigen Kritik sind sicherlich nicht positiv.

Sie können das Selbstwertgefühl des Kritisierten auch schützen, wenn Sie darauf achten, dass der Kritisierte sein Gesicht wahren kann (was nicht möglich ist, wenn die Kritik eine Frage von richtig oder falsch ist). Die Lösung besteht darin, Formulierungen zu verwenden wie:

- »Vielleicht wissen Sie nicht, dass…« (selbst wenn Sie denken, dass der Kritisierte es weiß) oder
- »Dies ist eine Möglichkeit, aber vielleicht gibt es noch andere Möglichkeiten, die ausprobiert werden sollten.«

Erinnern Sie sich an die Beispiele am Anfang dieses Kapitels? Die Kritik des Artdirectors wäre sicherlich wirksamer, wenn er sie so formuliert hätte: »Wie wäre es, wenn Sie die Bilder in Abständen anordnen und hellere Farben verwenden würden?« Der Vertriebsleiter würde dem Außendienstmitarbeiter sicherlich mehr helfen, wenn er sagen würde: »Wenn Sie Ihren Kunden von Zeit zu Zeit fragen, ob er Fragen hat, werden Sie feststellen, dass Sie mehr Erfolg haben. Dadurch beziehen Sie den Kunden mit ein.«

Kritik, die das Selbstwertgefühl des Kritisierten wahrt, hat mehr Vorteile als den Kritisierten tatsächlich zu erreichen. Sie schafft zum Beispiel die Voraussetzungen für zukünftige Kritik. Da das Selbstwertgefühl des Kritisierten gesteigert oder zumindest nicht verletzt wurde, nimmt er Ihre Kritik günstiger wahr, bis er Sie als jemanden betrachtet, dessen Auffassungen glaubwürdig sind und daher sorgfältig berücksichtigt werden sollten. Folglich begrüßt er zukünftige Kritik oder fragt Sie sogar um Rat. Dies trägt dazu bei, dass der Kritisierte sich im Lauf der Zeit entwickelt. Ein weiterer Vorteil der Kritik, die das Selbstwertgefühl berücksichtigt, besteht darin, dass sie die Qualität der Beziehung verbessert. Ihr bewusster Versuch, nicht anzugreifen oder zu verwunden, signalisiert dem Kritisierten Ihre Wertschätzung. Das Gefühl des Kritisierten hilft Ihnen, eine Beziehung aufzubauen und aufrechtzuerhalten, die durch Vertrauen charakterisiert ist. Die Wahrung des Selbstwertgefühls des Kritisierten trägt dazu bei, dass Sie die Kraft positiver Kritik nutzen können.

TIPP 5

Wählen Sie die richtigen Worte

Sie können immer so reden, wie Ihnen der Schnabel gewachsen ist. Ihre Wortwahl bestimmt häufig, ob Sie die Kraft positiver Kritik nutzen können.

Wenn Sie als Vorgesetzter einen Mitarbeiter kritisieren, bestimmt Ihre Wortwahl, ob der Kritisierte zuhört oder nicht. Ihre Wortwahl zeigt ihm, wie Sie sich fühlen, was Sie denken und was ihm voraussichtlich bevorsteht. Der kritisierte Mitarbeiter denkt in der Regel: »Bin ich in Schwierigkeiten?« »Werde ich meinen Job verlieren?« »Wie wichtig ist dies?« Alles, was Sie sagen, wird vom Kritisierten im Kontext seiner Bedürfnisse, Hoffnungen und Befürchtungen über seinen Job interpretiert. Achten Sie darauf, dass Sie sagen, was Sie meinen.

Häufig macht es einen großen Unterschied, wenn Sie Ihre Wortwahl geringfügig ändern. Sagen Sie Ihrem Mitarbeiter: »Ihre Arbeit entspricht nicht unseren Standards«, wird dies sicherlich eine stärkere Abwehrhaltung auslösen als die Formulierung: »Ihre Arbeit entspricht nicht ganz unseren Standards.« Die erste Formulierung stellt kategorisch fest, dass der Mitarbeiter schlecht gearbeitet hat, während die zweite Formulierung (in Verbindung mit der angemessenen Tonlage) besagt, dass er fast befriedigend arbeitet.

Wenn Sie Vorgesetzter sind, haben Ihre Worte besonderes Gewicht. Selbst wenn Ihr Mitarbeiter Ihre Kritik widerlegt, können Sie Ihre Worte durch Maßnahmen unterstreichen. Sie können Ihrem Mitarbeiter zum Beispiel sagen: »Ihre Arbeit liegt deutlich unter unseren Standards.« Darauf kann er zum Beispiel anworten: »Sie haben Unrecht.« Ob Sie Recht haben oder nicht, in jedem Fall haben Sie die Entscheidungskompetenz und können Sanktionen festlegen. Es zählt, was Sie als Boss sagen.

Um die richtigen Worte zu wählen, können Sie zum Beispiel einfach vermeiden, emotional negativ besetzte Worte zu verwenden. Die Kraft positiver Kritik beruht darauf, dass Sie den Kritisierten veranlassen, aufnahmefähig zu sein. Wenn Sie emotional negativ besetzte Worte verwenden, reduziert das seine Aufnahmebereitschaft. Wenn Ihr Mitarbeiter vorschnell ist und Sie ihm sagen, dass er impulsiv und unüberlegt ist oder nicht genug überlegt, wird das seine Aufnahmebereitschaft nicht fördern. Ihr Mitarbeiter war vielleicht in einer Präsentation nicht gut, aber trotzdem wäre es falsch, ihn einen Trottel zu nennen. Emotional negativ besetzte Worte tadeln und beschämen den Kritisierten, sie verletzen sein Selbstwertgefühl. Destruktive Bemerkungen helfen niemandem und führen dazu, die Kraft positiver Kritik zu verlieren.

Es ist auch zweckmäßig, darauf zu achten, wie man die Kritik einleitet. Nach meinen Erfahrungen ist es besonders wirksam, die positive Absicht der Kritik zum Ausdruck zu bringen, indem Sie das Ziel der Kritik und die Aufgabe konstruktiv beschreiben.

Die Kritik eines Lektors gegenüber einem Buchautor beginnt nach der Prüfung des Manuskripts zum Beispiel so: »Mein Ziel ist, das Buch möglichst gut zu machen. Im Folgenden zeige ich auf, wie das erreicht werden kann…« Der Autor berichtete: »Nachdem ich das gelesen hatte, wollte ich seine Vorschläge kennen lernen. Schließlich hatte ich ja das gleiche Ziel: Ein möglichst gutes Buch zu veröffentlichen.«

Ein Hinweis auf das positive Anliegen der Kritik ist aus mehreren Gründen wirksam, aber am wichtigsten ist, dass er dem Kritisierten signalisiert, die Kritik verfolgt ein positives Ziel. Gleichzeitig trägt dieser Hinweis dazu bei, die konstruktive Aufgabe der Kritik (das heißt das Buch zu verbessern) anstatt den Kritisierten in den Mittelpunkt zu stellen. Dies versachlicht die Kritik und der Kritisierte nimmt wahrscheinlich keine Abwehrhaltung ein. Kurzum, der Hinweis auf die positive Absicht der Kritik hilft beiden Parteien, sich an die Hauptaufgaben der Kritik zu erinnern – etwas zu verbessern.

Nach meinen Erfahrungen sollte man im Rahmen der Kritik Formulierungen wie »immer« und »nie« vermeiden. Wenn diese Worte mit der anklagenden Anrede »Sie« verbunden sind, wirken sie so, als ob Sie mit dem Gewehr auf jemanden zielen. »Immer« und »nie« sind grobe Verallgemeinerungen und lösen genauso wie die anklagende Anrede »Sie« eine Abwehrhaltung aus. Meine Empfehlung lautet daher: Sagen Sie nie »immer« oder »nie«. Die Formulierung »manchmal« ist zum Beispiel besser. Mit einer Formulierung wie zum Beispiel: »Sie müssen manchmal gründlicher arbeiten« erzielen Sie positivere Ergebnisse als mit einer Formulierung wie: »Ihre Arbeit muss immer gründlicher sein.« »Manchmal« trifft in der Regel zu, »immer« oder »nie« selten.

Häufig verwenden wir im Rahmen der Kritik eine Formulierung wie: »Sie hätten es so tun sollen.« Wenn Sie jemandem sagen, was er »hätte tun sollen«, deuten Sie an, dass er etwas falsch gemacht hat. Der Kritisierte wird sich dann verteidigen und wahrscheinlich erwidern: »Ich konnte nicht.« Anstelle der Formulierung »sollte« bevorzuge ich »könnte«. So könnte die Kritik zum Beispiel wie folgt formuliert werden: »Wenn Sie das nächste Mal mit dem Kunden zu tun haben, könnten Sie…«

Die Formulierung »könnte« kann dazu beitragen, dass Ihre Kritik eine der wichtigsten Aufgaben erfüllt: Sie bietet dem Kritisierten Wahlmöglichkeiten. Anstatt anzudeuten, dass der Kritisierte etwas falsch gemacht hat, zeigt Ihre Kritik verschiedene Möglichkeiten zur Erfüllung der betreffenden Aufgabe auf, sodass der Kritisierte vielleicht bereit ist, es auszuprobieren. Durch die Verwendung der Formulierung »könnte« teilen Sie dem Kritisierten auch mit, in Ihrer Auffassung nicht starr festgelegt zu sein (was durch die Formulierung »sollte« angedeutet wird).

Dies sind nur einige Beispiele, die belegen, wie wichtig die Formulierung der Kritik ist. Mit der richtigen Wortwahl erhöhen Sie die Chance, dass Sie die Kraft positiver Kritik nutzen können.

Prüfen Sie, ob die Kritik berechtigt ist

Bei der Annahme von Kritik gibt es einen Unterschied der Geschlechter: Männer weisen eine berechtigte Kritik eher zurück, während Frauen vielfach sogar unberechtigte Kritik akzeptieren. Ich weiß nicht, was schlechter ist – eine berechtigte Kritik zurückzuweisen oder eine unberechtigte Kritik zu akzeptieren. Die Schlussfolgerung für beide Geschlechter lautet jedenfalls: Prüfen Sie, ob die Kritik berechtigt ist.

Weil Kritik Ihnen wertvolle Informationen zur Verbesserung Ihrer Arbeit oder Ihres Verhaltens liefern kann, bedeutet prüfen nicht, dass Sie auf jede Kritik reagieren müssen. Vielleicht ist sie gar nicht berechtigt oder liegt gar nicht in Ihrem Interesse. Wenn Kritik Sie verärgert, sollten Sie sie nicht sofort zurückweisen. Die Kritik könnte vielleicht nützlich für Sie sein, wenn Sie darüber nachdenken.

Der letzte Punkt unterstreicht, wie wichtig es ist, zu prüfen, ob die Kritik berechtigt ist. Sie müssen prüfen, ob es in Ihrem Interesse liegt, auf die Kritik zu reagieren. Damit Ihre Reaktion sachlich begründet ist und nicht auf Voreingenommenheit beruht, müssen Sie Informationen beschaffen. Wenn Sie die Berechtigung der Kritik beurteilen können, erhöhen Sie Ihre Chancen, die Kraft positiver Kritik zu nutzen.

Um festzustellen, ob die Kritik berechtigt ist, sind die folgenden Aspekte zu prüfen:

Inhalt der Kritik

Fragen Sie sich: »Wie wichtig ist diese Information?« Ein Verkäufer wird vielleicht von seinem Vorgesetzten kritisiert, weil sein Arbeitsplatz nicht aufgeräumt ist und dies auf Kunden einen schlechten Eindruck macht. Wenn der Verkäufer im Telefonverkauf arbeitet, ist er wahrscheinlich nicht motiviert, aufzuräumen – selbst wenn die Kritik berechtigt ist. Die Kritik ist jedoch begründet, wenn die Kunden in sein Büro kommen.

Die Bedeutung der Kritik hängt von Ihren Bedürfnissen, den Bedürfnissen anderer und dem Umfeld ab.

Quelle der Kritik

Selbstverständlich ist man irritiert, wenn man glaubt, dass der Kritiker nicht weiß, worüber er spricht. Das nehmen wir zum Beispiel an, wenn wir uns verteidigen. Sie sollten vernünftiger sein und fragen, ob der Kritiker qualifiziert ist, um Sie kritisieren zu können? Was wissen Sie? Wenn Ihnen jemand sympathisch ist, bedeutet das nicht, dass er qualifiziert ist, Ihre Arbeit zu kritisieren. Genauso reicht ihre Antipathie gegenüber einem Kunden oder Kollegen nicht aus, um ihre Kritik zurückzuweisen.

Selbst wenn der Kritiker qualifiziert ist, stimmen Sie vielleicht seiner Kritik nicht zu. Vielleicht verwenden Sie andere Beurteilungskriterien oder Ihr Kritiker kennt Ihre Ziele nicht. Und sicherlich verfolgt Ihr Kritiker seine eigenen Ziele. Wenn Sie diese Fragen beantworten, erkennen Sie, ob und wie stark Sie Ihrem Kritiker Glauben schenken können.

Atmosphäre

Emotionen beeinflussen, wie wir Kritik üben und aufnehmen. Wenn wir verärgert oder gekränkt sind, sagen wir oft Dinge, die wir sonst nicht sagen. In Notlagen ist die Kritik meistens übertrieben. Manchmal ist sie sogar weitgehend unberechtigt. Diese Kritik müssen Sie zurückweisen, weil es die Situation nur verschlechtert, wenn Sie übertrieben reagieren.

Wenn die Atmosphäre entspannt ist und der Kritiker einen besonnenen Eindruck macht, sollten Sie ihn ernst nehmen.

Sie sollten berücksichtigen, dass die Kritik vielleicht in gewisser Weise berechtigt ist, selbst wenn sie aus emotionalen Gründen übertrieben ist.

Wie viele Leute üben die gleiche Kritik an Ihnen?

Ist die Kritik auf Ihr Verhalten zurückzuführen oder handelt es sich um einen Einzelfall? Ein Kunde kritisiert Sie zum Beispiel, weil Sie keinen Termin einhalten. Wenn andere Kunden die gleiche Kritik geäußert haben, müssen Sie Ihr Verhalten ändern. Wenn Sie bei anderen Kunden jedoch die Termine einhalten, dann sollten Sie analysieren, warum Sie mit diesem Kunden Terminschwierigkeiten haben. Es kann sein, dass die Termine unrealistisch waren oder das Projekt schwieriger war, als Sie angenommen hatten. Bei gleich lautender Kritik sollten Sie sich ändern. Wenn es unterschiedliche Kritik gibt, sollten Sie prüfen, worauf die Kritik zurückzuführen ist.

Kostenanalyse

Sie müssen herausfinden, wie viel Energie und/oder Kosten erforderlich sind, um auf die Kritik zu reagieren und welche Vorteile Sie erwarten können. Natürlich hängt Ihre Entscheidung, welcher Aufwand angemessen ist, von den zu erwartenden Vorteilen ab. Wenn Sie keine oder kaum Vorteile sehen, auf eine bestimmte Kritik zu reagieren, dann wäre selbstverständlich jede Energie verschwendet.

Es ist schwierig, die möglichen Vorteile einer Änderung zu beurteilen, wenn Sie nicht bereit sind, sich mit der Kritik konstruktiv auseinander zu setzen.

Erwarten Sie nicht, dass Ihr Kritiker Ihnen die Vorteile nennt oder Ihnen einen Anreiz gibt. Um eine genaue Kostenanalyse durchzuführen, sollten Sie Ihren Kritiker fragen: »Was kann ich erreichen?« Stellen Sie Ihre Frage eher interessiert als feindselig: »Mich interessiert, was ich davon habe, wenn ich das tue, was Sie vorschlagen« oder »Können Sie mir sagen, wie sich das auf uns auswirkt?« Aus einer derartigen Reaktion kann jeder der Partner die Motive des anderen erkennen. Wenn Sie das Positive in den Mittelpunkt stellen, tragen Sie dazu bei, dass die Kritik auf Verbesserungen abzielt.

Manchmal denkt Ihr Kritiker gar nicht an bestimmte Vorteile, dann ist die Kritik vielleicht gar nicht berechnet. Bei anderen Gelegenheiten kann er Ihnen vielleicht viele Vorteile erklären, die Sie motivieren, auf die Kritik einzugehen. Jedenfalls sollten Sie prüfen, ob es sich für Sie lohnt, auf die Kritik einzugehen.

Wenn Sie prüfen, ob die Kritik berechtigt ist, sollten Sie diese fünf Beurteilungskriterien im Zusammenhang prüfen.

Belanglose Kritik kann zum Beispiel wichtig werden, wenn Sie von Ihrem Chef oder wichtigsten Kunden, anstatt von einem Kollegen oder Mitarbeiter kommt.

Wenn Sie diesen Tipp umsetzen wollen, sollten Sie in folgenden Schritten vorgehen:

1. Wählen Sie eine Kritik aus, die Sie kürzlich erhalten haben, und schreiben Sie diese detailliert nieder.
2. Bewerten Sie diese Kritik in Bezug auf jedes Kriterium auf einer Skala von 1 bis 9, wobei 9 bedeutet, dass Sie das größte Interesse haben, auf die Kritik einzugehen.
3. Betrachten Sie Ihre Bewertung, um festzustellen, ob die Kritik berechtigt ist.
4. Wiederholen Sie dieses Vorgehen einige Male, um damit vertraut zu werden.

Wenn Sie diesen Tipp berücksichtigen, brauchen Sie eine gewisse Zeit für die Analyse. Damit vermeiden Sie, eine Kritik sofort zurückzuweisen, bevor Sie die Berechtigung der Kritik anhand der fünf Kriterien beurteilt haben. Sie denken konstruktiv darüber nach, was gesagt wurde und Sie beurteilen die Kritik danach, welchen Vorteil Sie haben, darauf einzugehen. Damit erhöhen Sie die Wahrscheinlichkeit, die positive Kraft der Kritik nutzen zu können.

Beziehen Sie den Kritisierten ein

Aus verschiedenen Gründen ist es wichtig, den Kritisierten in die Kritik einzubeziehen, weil es die Chancen für eine konstruktive Problemlösung erhöht. Jede Partei trägt zur Problemlösung bei und es werden synergistische Effekte erzielt.

Es gibt verschiedene Möglichkeiten, den Kritisierten in die Kritik einzubeziehen. Sie können ihn zum Beispiel auffordern, das Problem mit Ihnen zu lösen, anstatt nur Anweisungen zu geben, was zu tun ist. Sie können ihn auch auffordern, regelmäßig Fortschrittsberichte vorzulegen. Sie können ihn auch bitten, zu Ihren Ausführungen Stellung zu nehmen. Ihre Aufforderung zwingt ihn, aufmerksam zu sein und sich dem Dialog zu stellen. Falls er Sie nicht versteht, kann er nicht konstruktiv reagieren. Häufig erkennen wir bei der Kritik nicht, ob der Kritisierte die Botschaft versteht. Wir gehen einfach davon aus, dass er die Kritik versteht. Deshalb werden wir ärgerlich, wenn die erwarteten Ergebnisse ausbleiben.

Außerdem erfahren Sie, welche Meinung der Kritisierte hat und Sie erhalten einen Hinweis, ob er Ihre Kritik akzeptiert. Wenn er Ihre Kritik nicht akzeptiert, müssen Sie die Gründe herausfinden. Häufig vermitteln Ihnen seine Gründe für die Ablehnung der Kritik Einsichten, die Ihre Kritik ändern. Obwohl Sie als Vorgesetzter den Kritisierten zwingen können, die Kritik zu akzeptieren, wird er die vorge-

schlagenen Veränderungen nicht gerade begeistert begrüßen. Wenn Sie wissen, dass er die Kritik ablehnt, können
Sie anders vorgehen oder die Berechtigung Ihrer Kritik
überprüfen.

Wenn Sie den Kritisierten um eine Stellungnahme bitten, werden Sie auch feststellen, dass Sie seine Abwehrhaltung abbauen. Wenn wir kritisiert werden, denken wir
sofort daran, wie wir die Kritik zurückweisen können, bevor die Kritik überhaupt beendet ist. Wir können kaum
erwarten zu reagieren und unterbrechen den Kritiker häufig, um uns zu verteidigen. Wenn Sie dem Kritiker sagen,
Sie möchten sein Feedback haben, steigt seine Aufnahmefähigkeit, weil er weiß, dass er seine Meinung sagen kann.

Sie können dies in Ihrer Kritik berücksichtigen, wenn Sie
die so genannte *Prognosetechnik* anwenden. So können Sie
zum Beispiel sagen: »So sehe ich die Dinge. Ich weiß, dass
Sie vielleicht eine andere Auffassung haben, und das ist in
Ordnung. Aber vielleicht stimmen Sie zu.« Wenn der Kritisierte die Situation tatsächlich anders beurteilt, dann
haben Sie ihm bereits zugestanden, dass es völlig in Ordnung ist, wenn er eine andere Auffassung hat. Sie veranlassen den Kritisierten, zu denken: »Er hat Recht, ich habe
eine andere Auffassung. Ich bin froh, dass er das akzeptieren kann. Aber ich will zuhören, was er sagt.« Ihre Bemerkung lässt Raum für die Meinung des Kritisierten und dies
entspannt die Situation. Wenn der Kritisierte die Kritik
akzeptiert, dann verfolgen Sie beide das gleiche Ziel.

Dieses Vorgehen wird Prognosetechnik genannt, weil
der Kritisierte Ihnen zustimmen oder Ihre Kritik ablehnen
kann, unabhängig davon, was Sie sagen. Da wir wissen,
dass die meisten Menschen die Kritik geistig nicht akzeptieren, wenn der Kritiker spricht, ist es eine geschickte Strategie, öffentlich anzuerkennen, dass der Kritisierte eine
abweichende Meinung haben kann, weil er sie sowieso
haben kann und weil die Aufnahmefähigkeit der meisten

Leute steigt, wenn sie wissen, dass sie ihren abweichenden Standpunkt ungehindert erläutern können. Unabhängig davon ob der Kritisierte Ihre Kritik akzeptiert oder nicht, wird die Kritik erleichtert.

Eine weitere Möglichkeit, den Kritisierten in die Kritik einzubeziehen, besteht für den Kritiker darin, dem Kritisierten bei den Änderungen zu helfen, die notwendig sind, um die Kritik umzusetzen. Planen Sie die Zusammenarbeit. Dafür müssen Sie sich mit dem Kritisierten zusammensetzen und gemeinsam einen Plan aufstellen, der dem Kritisierten hilft, konstruktiv auf die Kritik zu reagieren. Dies ist in der Regel erfolgreich, weil der Kritisierte weiß, dass er in dem Veränderungsprozess nicht allein ist. Sie beziehen ihn ein, indem Sie sich selbst beteiligen. Eine Zusammenarbeit mit dem Kritisierten ist insbesondere dann zweckmäßig, wenn die notwendigen Änderungen Zeit erfordern.

Betrachten Sie den Fall eines Programmierers, der zwar als sehr begabt galt, aber allen auf den Wecker ging. Er bezweifelte die Intelligenz anderer, kritisierte jede Bemerkung und sprach zu anderen, als ob sie Computer wären. Es war kein Wunder, dass seine Teammitglieder in der Regel vergaßen, ihn über Besprechungstermine zu informieren. Das Team erreichte daher nicht die erwartete Leistung. Der Projektleiter half dem Programmierer, sein befremdendes Verhalten zu ändern, indem er sich mit ihm zusammensetzte und einen Plan entwickelte. Der Programmierer sollte zum Beispiel den Begriff »Anwender« durch »Kunde« ersetzen, weil er sich selbst als Geschäftsmann betrachten sollte, der für Kunden Dienstleistungen erbringt, anstatt als Programmierer, der mit Anwendern zusammenarbeitet. Er stimmte auch zu, höflicher zu sein und in Besprechungen »mehr zuzuhören und weniger zu sagen«, um die erforderlichen Informationen zu erhalten. Obgleich die Umsetzung des Plans nicht leicht war, berichtete der Teamleiter, dass der Programmierer sein Verhalten nach einiger Zeit änderte und Anwender in anderen Abteilungen als interne Kunden betrachtete. Die Beschwerden gingen zurück und die Zusammenarbeit verbesserte sich.

Der Teamleiter war erfolgreich, weil er dem Mitarbeiter half, einen konkreten und schließlich erfolgreichen Plan zur Überwindung der Kritik zu entwickeln, anstatt den Mitarbeiter nur zu kritisieren. Das Engagement des Teamleiters »zwang« den Programmierer, sich entsprechend der Kritik zu ändern.

Wenn Ihr Plan zur Zusammenarbeit erfolgreich sein soll, muss er die folgenden sechs Punkte enthalten:

1. Betonen Sie, welche Bedeutung der Job des Kritisierten hat. Wer glaubt, sein Job sei wichtig, reagiert positiv. Sie müssen allerdings konkret begründen, warum der Job wichtig ist, aufmunternde Worte allein reichen nicht.
2. Fordern Sie den Kritisierten auf, seine Meinung über das kritisierte Verhalten oder die kritisierte Situation zu erläutern. Dies zeigt, dass Sie seine Meinung respektieren und Sie erwarten, dass er sich an der Lösung des Problems beteiligt. Es zeigt auch Ihre Flexibilität und Bereitschaft, von anderen zu lernen. Man kann erwarten, dass der Kritisierte Erklärungen abgibt und Verbesserungsvorschläge macht, anstatt alles abzustreiten oder Entschuldigungen vorzubringen.
3. Erklären Sie, welchen Vorteil der Kritisierte hat, wenn er das Problem löst.
4. Legen Sie fest, wie der Kritisierte unterstützt wird. Der neue Maßnahmenplan muss für den Kritisierten sinnvoll sein, um ihn zu motivieren. Fragen Sie den Kritisierten, wie man auf die Kritik reagieren kann und beteiligen Sie ihn an der Entwicklung und Umsetzung des Plans.
5. Fragen Sie den Kritisierten, wie Sie ihm bei der Umsetzung des Plans helfen können. Dies ist der wichtigste Teil

des Plans zur Zusammenarbeit, weil Sie sich direkt an der Umsetzung des Pans beteiligen. Es zeigt dem Kritisierten, dass Sie mit ihm zusammenarbeiten und Mitverantwortung für den Änderungsprozess übernehmen.
6. Um die Kraft positiver Kritik nutzen zu können, müssen Sie Ihren Beitrag laut Plan leisten und dem Kritisierten helfen, seinen Teil zu leisten.

Wenn es Ihnen nicht gelingt, den Kritisierten einzubeziehen, hatten Sie nur einen mühsamen Monolog und versuchen das Verhalten des Kritisierten ohne seine Mitwirkung zu ändern. Andererseits ist es sehr wichtig, den Kritisierten in die Kritik einzubeziehen, weil damit erreicht wird, dass beide Parteien im Rahmen der Kritik zusammenarbeiten und die Probleme gemeinsam lösen. Dies trägt dazu bei, dass Sie die Kraft positiver Kritik nutzen können.

Erwähnen Sie die Verdienste, ohne das einschränkende »Aber«

Können Sie sich erinnern, wann Sie das letzte Mal Positives gehört haben, als Sie kritisiert wurden? Überlegen Sie, wann Sie das letzte Mal Kritik geübt haben. Haben Sie dabei Positives erwähnt?

Kritik stellt eine Beurteilung von Verdiensten und Fehlern dar, aber meistens werden die Verdienste bei der Kritik weggelassen. Das darf man jedoch nicht, wenn man die Kraft positiver Kritik nutzen will.

Vielleicht gehören Sie zu denjenigen, die glauben, dass es reicht, im Rahmen der Kritik auch etwas Positives zu erwähnen, um den Schlag zu mildern. In gewisser Weise haben Sie Recht. Aber es gibt noch wichtigere Vorteile, die dafür sprechen, die Verdienste des Kritisierten im Rahmen einer konstruktiven Kritik zu erwähnen.

Wenn wir ärgerlich oder enttäuscht sind und jemanden kritisieren, vergessen wir häufig zu erwähnen, was der Kritisierte richtig macht. Kennen Sie die Verdienste einer Person – ob Sie es zum Ausdruck bringen oder nicht –, können Sie den Betreffenden positiver sehen. Dies hält Ärger und Enttäuschung in Schach. Wenn Sie das Positive explizit feststellen, bringen Sie zum Ausdruck, dass Sie die Bemühungen des Kritisierten kennen und schätzen. Das Selbstwertgefühl des Kritisierten wird nicht verletzt, vielleicht sogar gefördert.

Nun einige Bemerkungen zu der Art Ihrer positiven Feststellungen. Ihre positiven Bemerkungen müssen aufrichtig sein. Jemandem um den Bart zu gehen, verschlechtert die Situation wahrscheinlich. Wenn Sie nichts Positives erwähnen können, sollten Sie nichts erfinden. Außerdem ist es wichtig, dass das Positive, das Sie erwähnen, für den Kritisierten wichtig ist. Sie denken vielleicht, dass es positiv ist, Ihrer Sekretärin zu sagen, dass sie die Briefe sauber schreibt, aber das betrachtet sie vielleicht als selbstverständlich. Für sie ist zum Beispiel eine Formulierung wie die folgende positiv: »Mir hat gefallen, wie Sie den letzten Brief gestaltet haben, sodass er eine persönliche Note hatte.«

Jetzt kommen wir zu einem sehr wichtigen Punkt – der Reihenfolge Ihrer Argumente. Am weitesten verbreitet ist alle positiven Aspekte der Arbeit des Kritisierten zu erwähnen und dann aufzuzählen, was er falsch gemacht hat. Aber dieses Vorgehen ist nach meinen Beobachtungen nicht wirksam. Der Satzaufbau sieht so aus:

Feststellung der positiven Aspekte,
aber Aufzählung der Fehler.

Wenn Sie sich daran erinnern, als Sie jemand in dieser Weise kritisierte, dann erkennen Sie die Probleme. Beginnt jemand, das Positive aufzuzählen, das Sie leisten, dann denken Sie in der Regel: »Was habe ich falsch gemacht? Gleich kommt der Hammer.« Sie beginnen, das Negative, das sicherlich gleich kommt, vorwegzunehmen und planen bereits, wie Sie die Kritik zurückweisen können. Die Erwartung, dass der Kritiker bald Negatives erwähnen wird, löst negative Emotionen aus. Sie bauen eine Abwehrhaltung auf und die Kraft positiver Kritik kann nicht wirken.

Ein Grund für dieses Reaktionsmuster ist, dass Mitarbeiter es nicht gewöhnt sind, am Arbeitsplatz gelobt zu werden. Wenn es geschieht, folgt auf das Lob in der Regel die Aufzählung von Fehlern. Genau das passiert hier. Sie hören das Wort »aber« und Ihre Erwartung, dass das Negative folgt, wird bestätigt. Beim nächsten Mal passiert sicherlich das Gleiche.

Nun zu dem anderen Problem dieser Methode. »Aber« ist eine Verneinung. Es bedeutet für den Kritisierten, dass er alles vergessen kann, was er gerade gehört hat. Wenn er den negativen Teil der Botschaft hört, hat er das Gefühl, ein Verlierer zu sein. Auch wenn das Positive verdient war und aufrichtig gemeint war, haben Sie die Wirkung unbeabsichtigt verringert. Und der Kritisierte wird wahrscheinlich vergessen, dass Sie das Positive überhaupt erwähnt haben. Er denkt, dass Sie ihn herabgesetzt haben, selbst wenn das nicht Ihre Absicht war.

Ich möchte Ihnen eine alternative Methode vorstellen, mit der Sie die Verdienste des Kritisierten so beschreiben können, dass sie gehört werden und man sich daran erinnert. Anstatt mit dem Positiven zu beginnen, sollten Sie in den Mittelpunkt stellen, wie sich der Kritisierte verbessern kann. Dann können Sie erwähnen, was der Kritisierte bereits gut macht. Die Satzstruktur sieht so aus:

Feststellung, wie sich der Kritisierte verbessern kann, *und* Feststellung, was der Kritisierte bereits gut macht.

Diese Struktur hebt drei Punkte hervor. Erstens reagieren die meisten positiv, wenn man ihnen sagt, dass sie etwas besser machen können. Erinnern Sie sich daran, in Tipp 3 wurde festgestellt, dass es eine natürliche Neigung gibt, sich zu entwickeln beziehungsweise zu verbessern. Wenn Sie jemandem sagen, wie er etwas besser machen kann, appellieren Sie an diese Neigung und Ihr Gesprächspartner will sicherlich mehr hören. Dies ist offensichtlich eine gute Möglichkeit, Verbesserungen in den Mittelpunkt Ihrer Kritik zu stellen (siehe Tipp 3).

Zweitens nutzt diese Satzstruktur die Tatsache aus, dass Leute konstruktiv auf Kritik reagieren, wenn sie sich gut fühlen. Wenn Ihre Kritik mit einer positiven Bemerkung schließt, hat der Kritisierte ein positives Gefühl und dieses motiviert ihn.

Der dritte Aspekt betrifft das Wort »und«. Während das Wort »aber« die vorhergehende Botschaft neutralisiert oder aufhebt, bewirkt das Wort »und« das Gegenteil. Es integriert die vorhergehenden Bemerkungen. Anstatt zu denken »Ich bin ein Versager«, wird der Kritisierte eher denken »Ich mache eine Menge richtig und ich kann mich noch steigern, wenn ich einiges verbessere.«

Obwohl die Verwendung des Wortes »und« an Stelle von »aber« ein feiner Unterschied ist, hat es langfristig eine starke Wirkung. Schließlich trägt es dazu bei, dass der Kritisierte erkennt, dass es in Ordnung ist, nicht perfekt zu sein. Er erledigt einige Dinge gut und kann andere verbessern – und das ist ziemlich gut. Dies ist ein Zeichen eines gesunden Selbstwertgefühls und ein Verdienst positiver Kritik.

Sagen Sie, was Sie wollen

Es gibt zahlreiche Gründe, warum Kritik meistens keine Veränderungen bewirkt. Einer der häufigsten Gründe besteht darin, dass der Kritiker dem Kritisierten nicht sagt, was geschehen soll. Er nennt keine Lösung oder Möglichkeit zur Lösung der Aufgabe. Dann versucht der Kritisierte, selbst eine Lösung zu finden, die häufig nicht dem entspricht, was der Kritiker wollte.

Wenn er keine Änderung sieht, ist der Kritiker über den Kritisierten frustriert, ärgerlich und destruktiv kritisch. Aus der Sicht des Kritisierten ist dies ungerecht. Schließlich hat er sich bemüht, der Kritik gerecht zu werden. Allmählich denkt er: »Warum soll ich mich bemühen, wenn dies das Ergebnis meiner Bemühungen ist?« Er denkt, dass er die Last der Veränderung allein auf seinen Schultern trägt.

Wenn der Kritisierte keine Hilfe erhält und wenig positive Wirkungen seiner Bemühungen sieht, fühlt er sich ohnmächtig, sein Selbstwertgefühl leidet und die Kritik bleibt ungelöst. Letztlich sind alle Beteiligten Verlierer. Dies kann vermieden werden, wenn der Kritiker im Rahmen seiner Kritik eine Lösung anbietet.

Worin besteht die Lösung? Sie ist einfach das, was Ihrer Meinung nach die Kritik befriedigend beantwortet. Es ist Ihre Antwort zur Verbesserung der Situation. Der Kritiker sollte deutlich machen, worin die Problemlösung liegt. Wenn Sie Ihrem Mitarbeiter sagen: »Sie müssen mehr

Teamgeist zeigen« beschreiben Sie zwar eine Verbesserung, diese Formulierung ist aber nicht so wirkungsvoll wie zu sagen: »Sie können Ihre Beziehungen zu Ihren Kollegen verbessern, indem Sie Besprechungen nicht in der letzten Minute absagen, sondern Ihre Arbeitsergebnisse rechtzeitig liefern und die Anstrengungen Ihrer Kollegen unterstützen.« Der Kritiker sollte konkrete Maßnahmen zur Umsetzung der Kritik vorschlagen.

Abgesehen davon, klar zu sagen, was Sie wollen und was Sie erwarten, ist es wichtig, Lösungen anzubieten, weil es Ihre Hilfsbereitschaft demonstriert. Der Kritisierte sieht, dass Sie sich die Zeit und Mühe gemacht haben, darüber nachzudenken, wie er seine Leistung verbessern kann. Er sieht, dass Sie helfen wollen, anstatt ihn herabzusetzen. Sie werden ein Verbündeter, anstatt ein Feind. Sie zeigen dem Kritisierten, dass er nicht allein ist und Sie sich mitverantwortlich fühlen, um eine Problemlösung zu finden. Diese Botschaft verwandelt Kritik in einen gemeinsamen Problemlösungsprozess. Veränderungen werden leichter, wenn man einen Partner hat (siehe Tipp 7).

Viele, insbesondere Führungskräfte, wollen eigentlich keine Lösung anbieten, weil der Kritisierte ihrer Meinung nach in der Lage sein sollte, eigenständig eine Lösung zu erarbeiten. Die weit verbreitete Einstellung lautet: »Es ist sein Job, daher weigere ich mich, ihm das abzunehmen.« Wenn Sie diesem Gedanken folgen, sollten Sie sich an das Prinzip der Reaktions-Verallgemeinerung erinnern. Es besagt, wenn Mitarbeiter gelernt haben, auf Situation A zu reagieren, werden sie in Situation B eine ähnliche, an die neue Situation angepasste Lösung entwickeln. Hier angewendet, bedeutet es: Sie sollten dem Kritisierten ein Beispiel für eine wirksame Reaktion auf die Kritik zeigen, anstatt zu denken, dass Sie den Job Ihres Mitarbeiters machen.

Wenn Sie zum Beispiel einer Verkäuferin sagen, dass sie die Kunden besser bedienen sollte, wird sie wissen wollen, was sie machen soll. Wenn Sie ihr sagen: »Es ist Ihr Job, das zu wissen«, ist das keine Hilfe für sie. Wenn Sie ihr jedoch sagen, dass sie ihre Kunden zur Umkleidekabine begleiten soll, geben Sie ihr nicht nur eine konkrete Anweisung, sondern helfen ihr auch, dass sie das Konzept der aufmerksamen Bedienung versteht. Wenn sie später einen Kunden sieht, der verschiedene Artikel gekauft hat und das Geschäft verlässt, wird sie wahrscheinlich den Kunden fragen, ob er Hilfe benötigt, dankt für den Einkauf und lädt ihn zum Wiederkommen ein. Um es zu wiederholen: Indem Sie eine konkrete Lösung anbieten, vermitteln Sie Kenntnisse.

Wie sieht es aus, wenn Sie die Lösung nicht kennen? Das sollten Sie offen zugeben. Außerdem sollten Sie hinzufügen: »Wenn wir gemeinsam überlegen, werden wir das Problem bestimmt lösen.« In der Regel können Sie dann die Kraft positiver Kritik nutzen.

Wählen Sie den richtigen Zeitpunkt

Ein Manager wollte zwei Mitarbeiter kritisieren, weil sie zu stark miteinander konkurrierten und sich gegenseitig übertreffen wollten. Ihre mangelnde Zusammenarbeit führte häufig zu Machtkämpfen, die kostspielige Terminverschiebungen nach sich zogen. Er plante seine Kritik und lud sie beide zum Essen in ein chinesisches Restaurant ein. Bevor der Ober ihre Bestellung aufnahm, bemerkte der Manager: »Mir gefällt im Prinzip alles, daher überlasse ich Ihnen beiden die Bestellung.« Dies löste eine kurze Diskussion aus und dann wählten die beiden Mitarbeiter die Gerichte aus. Nach dem Essen sagte der Manager: »Das hat mir wirklich geschmeckt. Ihre Wahl war hervorragend, alles passte gut zusammen. Und wenn wir wieder im Büro sind, erwarte ich, dass Sie beide genauso zusammenarbeiten.« Und das taten sie auch.

Ist dies ein Beispiel dafür, Kritik zum richtigen Zeitpunkt zu üben? Ja! Der Manager war klug genug, eine Umgebung zu wählen, die die Aufnahmefähigkeit der Kritisierten für seine Kritik förderte. Und um die Wirkung der Kritik zu verstärken, gab er beiden eine Aufgabe, die veranschaulichte, wie die beiden zusammenarbeiten sollten.

Um die Kraft positiver Kritik nutzen zu können, müssen Sie daran denken, dass es eine optimale Zeit und einen optimalen Ort für jede Bemühung gibt. Kritik bildet in diesem Zusammenhang keine Ausnahme. Kritische Bemerkungen, die sonst positiv aufgenommen worden wären, können unwirksam sein – nicht wegen ihres Inhalts oder wie sie gesagt werden, sondern wann und wo sie gemacht werden, wegen der Stimmung des Kritisierten und des Kritikers.

Wenn Sie die Kraft positiver Kritik nutzen wollen, ist es sehr wichtig, den richtigen Zeitpunkt für die Kritik zu wählen. Daher ist es gut, bei jeder Kritik auf den Zeitpunkt, den Ort, die An- oder Abwesenheit anderer Leute und die psychologische Verfassung des Kritisierten zu achten.

Aber welches ist der richtige Zeitpunkt für Kritik? Beantworten Sie einige Fragen und finden Sie es heraus. Kritisieren Sie jemanden in der Öffentlichkeit? Ihr erster Gedanke könnte sein: »Nein, natürlich unter vier Augen.« Wenn ein Mitarbeiter von seinem Vorgesetzten in einer Mitarbeiterbesprechung kritisiert wird, wird er die Kritik sicherlich schroff zurückweisen, weil er in Verlegenheit gebracht wurde. Er denkt, dass er sich in Anwesenheit der Kollegen verteidigen muss. Oder er nickt mit dem Kopf und signalisiert Zustimmung, aber in Wirklichkeit konzentriert er sich darauf, was die Kollegen denken. Dies unterstreicht, dass Vorgesetzte einen Mitarbeiter unter vier Augen kritisieren sollten.

Aber es kann auch sein, dass eine Mitarbeiterbesprechung der beste Zeitpunkt ist, um einen Mitarbeiter vor den Kollegen zu kritisieren. So kritisiert ein Vorgesetzter einen Mitarbeiter vor den Kollegen, weil er annimmt, dass der Mitarbeiter sich weniger verteidigt als unter vier Augen. Aufgrund des bisherigen Verhaltens des Mitarbeiters hält es der Manager für notwendig, allen Mitarbeitern zu zeigen, dass sie für Kritik offen sein sollten, und dass die Gruppenatmosphäre den Mitarbeiter veranlassen wird über die Kritik nachzudenken.

Nehmen wir einmal an, Sie sind bei einer Operation der leitende Chirurg. Drei Ärzte assistieren. Plötzlich sehen Sie, dass ein Assistent einen Fehler macht, der den Patienten direkt gefährden könnte. Was tun Sie dann? Kritisieren Sie den Assistenten vielleicht erst unter vier Augen, wenn der Patient gestorben ist?

Oder stellen Sie sich eine Mitarbeiterbesprechung vor, in der ein Entwurf für eine Anzeige geprüft wird. Der Entwurf ist schlecht, obwohl die Farben, die Schrift und die Fotos perfekt sind. Wann sollten die Mitarbeiter der Werbeagentur kritisiert werden?

Nun zur nächsten Frage. Wie lange sollten Sie mit der Kritik warten? Im Allgemeinen sollten Sie sofort Kritik üben, aber ich will auf eine Ausnahme eingehen. Sie sollten nie jemanden kritisieren, wenn Sie ärgerlich sind. Nicht weil die Kritik vielleicht härter ausfällt, sondern weil Sozialpsychologen nachgewiesen haben, dass Kritik aufgrund einer Verärgerung weniger glaubwürdig ist. Ihre Kritik verliert an Wirkung und Glaubwürdigkeit, wenn der Kritisierte glaubt, dass Sie verärgert sind.

Genauso sollten Sie nie jemanden kritisieren, der verärgert ist. Wer ärgerlich ist, denkt starrer und hält stärker an seiner Auffassung fest. Wenn der Kritisierte ärgerlich ist, wissen Sie, dass er weniger flexibel ist und wahrscheinlich sagen wird: »Ich will das nicht hören.« In Wirklichkeit bedeutet das: »Ich kann im Augenblick nicht genau zuhören.« Wenn Sie oder der Kritisierte ärgerlich sind, sollten Sie die Kritik verschieben.

Ein Autor erzählte mir einmal, dass er seinen Lektor wegen der Verkaufsförderung für sein Buch kritisieren wollte. Obwohl er eigentlich den Wunsch hatte, die Kritik sofort zu äußern, wartete er einige Wochen. Er dachte, seine Kritik wäre positiver, wenn er sie in einem persönlichen Gespräch äußern würde.

Anstatt einen Außendienstmitarbeiter sofort nach einem Kundenbesuch zu kritisieren, weil er dem Kunden nicht genug Zeit gab, um Fragen stellen zu können, kritisiert der Vertriebsleiter ihn einige Minuten vor dem nächsten Kundenbesuch und sagt: »Denken Sie daran, dem Kunden genügend Zeit für Fragen zu lassen.«

Selbstverständlich gibt es keine festen Regeln, wann und wo Kritik geübt werden sollte. Sie müssen vielmehr die Umgebung, die Situation und die psychische Verfassung des Kritisierten berücksichtigen, damit er für Kritik aufnahmefähig ist.

Bevor Sie Kritik üben, sollten Sie sich fragen: »Ist dies der richtige Zeitpunkt? Ist es notwendig, jetzt Kritik zu üben? Möchte ich in dieser Umgebung kritisiert werden? Ist der zu Kritisierende in der richtigen Verfassung? Bin ich in der richtigen Verfassung?« Ihre Antworten werden dazu beitragen, dass Sie ein besseres Gefühl für den richtigen Zeitpunkt der Kritik entwickeln. Dies macht es wesentlich leichter, die Kraft positiver Kritik nutzen zu können.

Stellen Sie die richtigen Fragen

Ein Redakteur einer großen Tageszeitung lieferte mir einmal ein gutes Beispiel, wie man die richtigen Fragen stellt. Er betreute eine Journalistik-Studentin, die ein Semester als Praktikantin in der Lokalredaktion beschäftigt wurde, um die Arbeitsweise einer größeren Zeitung kennen zu lernen und zu üben, wie man Artikel recherchiert und schreibt.

Der Lokalredakteur galt als sehr schwierig. Seine sarkastische Kritik war berüchtigt. Seine besten Reporter hatten häufig das Gefühl, so schlecht gearbeitet zu haben, dass sie es eigentlich nicht verdient hatten, dass ihre Artikel mit ihrem Namenskürzel erschien. Trotzdem galt er als hervorragender Redakteur und er war bereit, die angehende Jungreporterin fit zu machen. Er erteilte ihr wöchentlich Aufträge. Dabei gab er ihr die Fakten eines Ereignisses und die Praktikantin musste auf dieser Grundlage einen Artikel schreiben. Für jeden Auftrag wurde ein Abschlusstermin festgelegt. Die Praktikantin legte ihre Artikel dem Lokalredakteur vor, der die Artikel las und handschriftlich redigierte. Nach Ausführung der Korrekturen wurden die Artikel dem Lokalredakteur erneut vorgelegt und die Praktikant hoffte, dass sie dann zum Druck freigegeben werden. Nach einigen Aufträgen beurteilte der Lokalredakteur die Praktikantin so: »Sie schreibt gut, aber der Textaufbau und ihre Organisation sind hundsmiserabel.«

Da er ziemlich viel Zeit damit verbracht hatte, ihre Artikel zu redigieren, war er etwas frustriert, als die Praktikantin nicht die erwarteten Fortschritte machte. Wenn er die Arbeit der Praktikantin im persönlichen Gespräch kritisierte und ihr genau sagte, was sie schreiben solle und wie sie es schreiben solle, verteidigte sich die Praktikantin streitlustig.

Eines Nachmittags erreichte die Situation ihren Höhepunkt, als die Praktikantin ihm einen Artikel über Vandalismus an einer örtlichen Schule vorlegte. Der Redakteur las ihn sofort und stellte fest, dass sie die Fakten wieder schlecht verarbeitet hatte. So konnte der Artikel nicht gedruckt werden.

Das folgende Gespräch beschrieb er wie folgt: »Ich wollte mich gerade auf sie stürzen und konnte mich nur mit Mühe zurückhalten. Aber ich wusste, dass das sinnlos wäre. Und ihr zu sagen, was zu tun sei, war auch zwecklos. Daher versuchte ich es anders. Unser Gespräch lief etwa wie folgt ab:

REDAKTEUR:	Haben Sie schon von dem Mord gehört?
PRAKTIKANTIN:	Welchen Mord?
REDAKTEUR:	Der Mord, der gerade in den Nachrichten erwähnt wurde.
PRAKTIKANTIN:	Wer wurde ermordet?
REDAKTEUR:	Bernhard Korthaus.
PRAKTIKANTIN:	Wo geschah es?
REDAKTEUR:	In seinem Haus.
PRAKTIKANTIN:	Wann geschah es?
REDAKTEUR:	Heute Morgen.
PRAKTIKANTIN:	Wie geschah es?
REDAKTEUR:	Er wurde erschossen.
PRAKTIKANTIN:	Warum?
REDAKTEUR:	Sie haben gerade die sechs Fragen gestellt, die in unserer Arbeit am wichtigsten sind: was, wer, wo, wann, wie und warum? Über-

arbeiten Sie Ihren Artikel noch einmal und berücksichtigen Sie dabei diese Fragen!«

»Sie lächelte und ging dann zu ihrem Schreibtisch, um den Artikel zu überarbeiten. Von diesem Zeitpunkt an baute sie ihre Artikel so auf, wie ich es wünschte.«

Kompliment für den Redakteur. Er benutzte das Frage-und-Antwort-Spiel so wie Sokrates, der seinen Schüler Plato kritisierte, indem er ihn motivierte, die Antworten selbst zu finden. In diesem Fall stellte der Redakteur der Praktikantin eine strategische Frage und veranlasste die Praktikantin damit, mehrere Ergänzungsfragen zu stellen. Die Beantwortung der Fragen lieferte die Informationen, die die Praktikantin in ihrem Artikel verarbeiten sollte. Der Dialog regte die Praktikantin zum Denken an, ohne ihr Selbstwertgefühl zu verletzen. Wenn Kritik geübt wird, indem Fragen gestellt werden, bringt dies den Kritisierten dazu, die Lösungen selbst zu finden.

Verlieren Sie diesen letzten Punkt nicht aus den Augen. Wenn der Kritisierte selbst eine Lösung findet, steigt sein Selbstwertgefühl, weil dies sein Kompetenzbedürfnis befriedigt – ein Wunsch, sich kompetent zu fühlen und die Umgebung zu beherrschen. Wenn der Kritisierte die Lösung selbst findet, hat er das Gefühl, kompetent zu sein. Ein zusätzlicher Vorteil ist, dass er wahrscheinlich auch die notwendigen Maßnahmen durchführen wird. Kritik durch Fragen ist besonders wirksam bei Personen, die auf Kritik in der Regel abwehrend reagieren.

Wenn Sie mit Fragen Kritik üben wollen, sollten Sie in folgenden Schritten vorgehen:

1. Stellen Sie eine oder mehrere Fragen, deren Beantwortung den Kritisierten zur richtigen Antwort führt. So könnte die Formulierung zum Beispiel wie folgt lauten: »Was denken Sie, wie der Vertrieb auf Ihren Marketingbericht

reagieren wird?« anstatt »Sie hätten prüfen müssen, wie der Vertrieb auf Ihren Bericht reagiert.«

2. Stellen Sie die Fragen nicht herablassend, dies wirkt so, als ob Sie sagen wollten: »Probieren Sie einmal, ob Sie die richtige Antwort raten können.« Besser ist zum Beispiel eine Formulierung wie: »Was ist, wenn der Testmarkt in einem anderen Gebiet durchgeführt werden muss?«

3. Wenn der Kritisierte eine unerwartete Antwort gibt, sollten Sie nachdenken. Wenn Sie nicht zufrieden sind, können Sie Ihre Auffassung als Alternative bezeichnen: »Dies kann durchaus sein. Es kann aber auch sein, dass…«

4. Wenn Sie den Eindruck vermeiden wollen, den Kritisierten zu manipulieren, dann können Sie ganz offen sein und Ihr Kritikgespräch wie folgt eröffnen: »Ich will Ihnen einige Fragen stellen, dann sage ich Ihnen, was ich denke und anschließend können wir gemeinsam eine Lösung finden.«

Meine abschließende Empfehlung beziehungsweise Warnung lautet: Stellen Sie keine Fangfragen. Zu oft stellen wir kritische Fragen, die den Kritisierten in Abwehrhaltung bringen. Zum Beispiel:

> »Von wem haben Sie diese schludrigen Daten erhalten?«
> »Von Herrn Schmidt. Ich dachte,…«
> »Sie hätten mich vorher fragen sollen, bevor Sie Herrn Schmidt kontaktiert haben.«

Dies ist eine Fangfrage, weil Sie vorher wissen, dass die Antwort inakzeptabel ist, unabhängig davon, was der Betreffende sagt. Anstatt von der Kritik zu profitieren, fühlt sich der Kritisierte hilflos sowie als Versager und sein Selbstwertgefühl wird verletzt. Wenn Sie Fragen nicht als Fangfragen, sondern richtig stellen, werden Sie zweifellos die Kraft positiver Kritik nutzen können.

Handeln Sie, wenn Worte nichts ausrichten

Die Oberschwester einer psychiatrischen Klinik erklärte ihre Situation wie folgt:

Es ist sehr wichtig, dass jedes Mitglied der Tagesschicht die Behandlungen in die Krankenblätter einträgt, sodass die Nachtschwestern und -pfleger wissen, wie die Patienten am Tag behandelt wurden.

In der Regel werden die Eintragungen in die Krankenblätter auch korrekt vorgenommen. Nur ein Medizinalassistent bildete eine Ausnahme. Er verließ manchmal die Klinik, ohne seine Eintragungen in die Krankenblätter zu machen. Ich sprach ihn mehrfach darauf an und wies darauf hin, wie wichtig die Eintragungen sind. Er versprach, dass das nicht wieder vorkomme. Aber es kam immer wieder vor. Ich kritisierte ihn jedes Mal und er versprach regelmäßig, dass es nicht wieder vorkomme. Aber sein Verhalten änderte sich nicht.

Fast jeder Manager hat schon ähnliche Erfahrungen gemacht. Ein Mitarbeiter wird immer wieder wegen eines bestimmten Verhaltens kritisiert und verspricht, sich zu ändern – tut es aber nicht. Egal wie raffiniert und kreativ Ihre Kritik ist, sie wird einfach nicht berücksichtigt. Das ist ziemlich frustrierend. Wenn das beanstandete Verhalten trotz wiederholter Kritik fortgesetzt wird, müssen Sie handeln, anstatt zu reden.

Meistens wird Kritik mündlich geäußert, aber das ist zu kurz gedacht. Um das Verhalten einer Person zu ändern, kann es unter Umständen zweckmäßig sein, konkret etwas zu unternehmen. Dies beruht auf der Einschätzung, dass Kritik eine Interaktion ist, bei der sich beide Seiten gegenseitig beeinflussen. Wenn Sie Ihr Verhalten ändern, kann dies den Kritisierten zwingen, seine Reaktion zu ändern.

Die Oberschwester erklärte, wie sie das Verhalten des Medizinalassistenten änderte:

Schließlich erkannte ich, dass es zwecklos ist, mit ihm zu reden. Ich musste etwas tun. Dann kam ich auf die folgende Idee. Ich wusste, dass er die Klinik jeden Tag um 15:30 Uhr verlässt. Daher ging ich jeden Tag um 14:45 Uhr in Begleitung einer Schwester in sein Büro und sagte ihm: »Können Sie bitte heraufkommen und Ihre Eintragungen in die Krankenblätter machen?« Das machte ich zweieinhalb Wochen. Verschiedene Male sagte er, er würde sofort kommen. Aber um nicht zu riskieren, dass er doch nicht kommt, sagte ich ihm, dass wir auf ihn warten würden. Eines Tages gegen 14:40 Uhr, als wir gerade zu ihm gehen wollten, kam er in das Schwesternzimmer und sagte: »Ich dachte, ich könnte Ihnen den Weg sparen.«

Von diesem Tag an kam er jeden Tag um 14:30 Uhr in das Schwesternzimmer, um seine Eintragungen in die Krankenblätter vorzunehmen. Wir änderten sein Verhalten, weil wir unser Verhalten änderten.

Wenn Ihre mündliche Kritik wirkungslos bleibt, sollten Sie in folgenden Schritten vorgehen:

1. Skizzieren Sie die Kritik, die Sie häufiger geübt haben und die wirkungslos blieb.
2. Überlegen Sie, durch welches Verhalten Sie den Kritisierten zwingen können, anders zu reagieren. Halten Sie sich buchstäblich jeden Tag fünf Minuten bei dem betref-

fenden Mitarbeiter auf, um sich zu überzeugen, dass er die geforderte Arbeit erledigt. Beispiele für ein derartiges Verhalten sind: Beobachten Sie, ob er die Akten ordnungsgemäß ablegt; rufen Sie den Mitarbeiter täglich an, um ihn daran zu erinnern, dass er seine Kollegen über seinen Zeitplan informieren soll; geben Sie Ihrem Mitarbeiter jedes Mal ein Signal (zum Beispiel Kopfschütteln), wenn er einen Kollegen in einer Besprechung unterbricht.

3. Seien Sie konsequent, wenn Sie einschreiten.

4. Wenn Ihr Einschreiten keine Wirkung zeigt, sollten Sie Ihr Verhalten ändern.

Wenn Sie sich in manchen Situationen daran erinnern, dass Kritik manchmal eine Änderung des Verhaltens erfordert, dann können Sie die Kraft positiver Kritik nutzen.

Berücksichtigen Sie Ihre Erwartungen

Manchmal erwarten wir, dass eine Person ihr Verhalten trotz unserer Kritik fortsetzt. Wir glauben nicht, dass der Kritisierte sich ändert. In einem derartigen Fall kann uns diese Erwartung veranlassen, voreilig Kritik zu üben.

Nehmen Sie zum Beispiel den Vorgesetzten, der erwartet, dass ein Mitarbeiter den Termin wieder nicht einhält. Kurz vor dem Termin erklärt er dem Mitarbeiter, dass er den Termin wieder nicht eingehalten habe, obwohl der Termin noch nicht erreicht war und der Mitarbeiter ihn noch einhalten könnte. Der Vorgesetzte ist übertrieben kritisch und signalisiert durch seine voreilige Kritik, dass er dem Mitarbeiter nicht zutraut, den Termin zu halten. Der Mitarbeiter versteht diese Botschaft so: »Ich schaffe es nicht. Warum sollte ich es überhaupt versuchen?«

Es ist paradox, dass die voreilige Kritik die echten Anstrengungen des Mitarbeiters, sich zu bessern, unterminiert und ihn veranlasst, genau das zu tun, was der Vorgesetzte vermeiden will – den Termin wieder nicht einzuhalten.

Erwartungen können wir als Wetten mit uns selbst über das Ergebnis von Ereignissen, unseres Verhaltens und des Verhaltens von anderen verstehen. Häufig spiegeln sie unsere Ziele und Standards wider. Unsere Erwartungen sind wichtige Faktoren im Rahmen der Kritik. An dem oben genannten Beispiel können Sie sehen, wie Erwartungen unsere Kritik beeinflussen.

Aber Erwartungen beeinflussen auch, wie wir Kritik aufnehmen. Denken Sie zum Beispiel an Ihre nächste Leistungsbeurteilung. Was wird Ihr Vorgesetzter Ihnen sagen? Sie haben innerlich vielleicht negative Erwartungen und denken: »Das wird schrecklich. Ich kann es nicht ertragen und werde ärgerlich. Der Kerl will mich wirklich festnageln.« Bei diesen Erwartungen können Sie kaum erfolgreich mit der Kritik fertig werden. Die erste negative Bemerkung Ihres Kritikers ist für Sie eine Bestätigung, dass Ihre Erwartungen »richtig« waren: »Da sieht man es doch, ich hatte Recht. Dieser Kerl setzt mich herab.« Jetzt werden Sie ärgerlich. Ihre negativen Erwartungen lösen eine Abwehrhaltung aus.

Erwartungen beeinflussen die Kritik auch noch anders. Häufig lösen unerfüllte Erwartungen, die Sie den Betreffenden überhaupt nicht mitgeteilt hatten, Kritik aus. Oder die Kritik beruht auf unrealistisch hohen Erwartungen – ganz gleich wie das Ergebnis ausfällt, es ist einfach nicht genug.

Es ist unmöglich, keine Erwartungen zu haben. Da sie die Ergebnisse stark beeinflussen, sollten Sie wissen, wie Sie Erwartungen zu Ihrem Vorteil nutzen können. Betrachten Sie zum Beispiel einen Manager, der weiß, wie man positive Erwartungen nutzen kann, um das Selbstvertrauen eines Teams zu stärken. Er kann sicher sein, dass die Erfolgsaussichten seines Teams steigen. Der Mitarbeiter, der weiß, wie er die Erwartungen seines Vorgesetzten von »Ich erwarte nicht, dass mich ein Mitarbeiter kritisiert« in »Ich erwarte, dass meine Mitarbeiter mich kritisieren« ändert, hat ein besseres Verhältnis zu seinem Chef und bessere Erfolgschancen. Wer Erwartungen nutzen kann, um Kritik konstruktiv anzunehmen, wird profitieren.

Aufgrund meiner Erfahrungen auf dem Gebiet der Kritik habe ich einige Leitlinien entwickelt, die dazu beitragen, dass zwischen Kritik und Erwartungen ein positiver Zusammenhang besteht. Wenn Sie Ihre Erwartungen zu Ihrem Vorteil nutzen wollen, sollten Sie in drei Schritten vorgehen:

Schritt 1: Kennen Sie Ihre Erwartungen?

Der erste Schritt besteht darin, sich seiner Erwartungen bewusst zu werden. Am besten schreiben Sie nieder, was Sie von sich selbst, Ihrem Vorgesetzten, Ihren Kollegen und anderen wichtigen Personen am Arbeitsplatz erwarten. Das scheint mühsam zu sein, aber wenn Sie Ihre Erwartungen niederschreiben, können Sie sie genauer beurteilen und auf diese Weise verhindern, dass Sie aufgrund unrealistischer Erwartungen Kritik üben.

Schritt 2: Sind Ihre Erwartungen realistisch?

Im zweiten Schritt ist zu prüfen, ob Ihre Erwartungen realistisch sind. Dafür gibt es verschiedene Möglichkeiten. Eine besteht darin, ähnliche Erfahrungen heranzuziehen. Wenn Sie erwarten, dass Ihr Vertrieb den Umsatz im nächsten Jahr um 30 Prozent steigert, Sie in der Vergangenheit aber maximal eine Steigerung von 20 Prozent erreicht haben, dann wäre eine Steigerung von 15 Prozent großartig und sogar zehn Prozent wären noch gut. Durch Berücksichtigung von Vergangenheitsdaten können Sie realistische Erwartungen über die Leistung Ihrer Mitarbeiter formulieren. Vergleichen Sie einfach Ihre Erwartungen mit der Leistung in der Vergangenheit und Sie bekommen eine gute Vorstellung, ob Ihre Erwartungen im Rahmen sind.

Es ist ein guter Grundsatz, andere zu fragen, was sie denken. Manchmal ist es aufgrund von Voreingenommenheit oder persönlichen Gefühlen schwierig, objektiv zu sein. Wenn Sie mit den Betroffenen über Ihre Erwartungen sprechen, erhalten Sie eine Vorstellung, ob Sie zu viel von sich und/oder anderen erwarten. Dies kann dazu beitragen, realistische Erwartungen zu entwickeln. Dies ist häufig eine gute Möglichkeit, um negative Selbstkritik zu erkennen und zu sehen, ob Sie von anderen zu viel erwarten.

Außerdem können Sie Ihre Erwartungen besser beurteilen, wenn Sie Wahrscheinlichkeiten für die voraussichtlichen Ergebnisse vergeben (das heißt 60 Prozent, 30 Prozent und zehn Prozent). In diesem Zusammenhang möchte ich auf einen wichtigen Aspekt hinweisen: Erwartungen dienen Ihnen am besten, wenn sie flexibel, statt statisch sind.

Realistische Erwartungen zu entwickeln bedeutet nicht, sie nicht hoch anzusetzen. Ein Weltrekordler, ein Bestsellerautor und ein Filmstar haben äußerst hohe Erwartungen an sich selbst – wie ihre Trainer, Verleger und Produzenten. Doch aufgrund ihrer bisherigen Erfolge sind diese hohen Erwartungen gerechtfertigt. Für junge Sportler, Erstautoren und angehende Filmschauspieler wäre es unrealistisch, zu hohe Erwartungen zu hegen.

Schritt 3: Teilen Sie den Betroffenen Ihre Erwartungen mit

Im dritten Schritt teilen Sie Ihre Erwartungen den Betroffenen mit. Damit geben Sie Ihren Mitarbeitern wichtige Informationen – was Sie denken und welche Forderungen Sie stellen. Dann können Ihre Mitarbeiter beurteilen, ob Ihre Erwartungen realistisch sind und ob sie diese erfüllen können. Wenn sie glauben, diese Erwartungen nicht erfüllen zu können, können sie ihre Auffassung erläutern und gemeinsam mit Ihnen vernünftige Vorgaben entwickeln.

Da Erwartungen zum Arbeitsalltag gehören, sollten Sie diese zu Ihrem Vorteil nutzen, insbesondere wenn Sie die Kraft positiver Kritik nutzen wollen.

Geben Sie zu, dass Ihre Meinung subjektiv ist

Wenn Ihnen jemand auf Ihre Kritik antwortet: »Das ist Ihre Meinung«, geben Sie es hoffentlich zu. Kritik ist subjektiv, selbst wenn sie auf objektiven Fakten beruht, weil Sie die Bedeutung einer bestimmten Eigenschaft oder Verhaltens subjektiv beurteilen.

Lassen Sie uns daher einige Beispiele häufig geübter Kritik betrachten: »Sie müssen Ihre Arbeit verbessern«, »Sie müssen besser mit Ihren Kollegen auskommen«, »Sie arbeiten nicht so gut, wie Sie sollten.« Diese Kritik wird so geäußert, als ob es Fakten wären, obgleich es sich um subjektive Beurteilungen handelt. Andere beurteilen das gleiche Verhalten vielleicht ganz anders.

Allzu häufig wird vergessen, dass Kritik die persönliche Beurteilung einer Situation ist. Dabei wird übersehen, dass sich die Auffassungen des Kritikers in der Regel von den Auffassungen des Kritisierten unterscheiden. Es wäre tatsächlich ziemlich naiv, anzunehmen, dass andere ein Ereignis genauso interpretieren wie Sie. Doch davon gehen jene aus, die ihre Kritik wie eine unumstößliche Tatsache äußern. Diese Kritiker interpretieren jeden Widerspruch als Abwehrhaltung. In Wirklichkeit lehnt der Kritisierte die Kritik nicht ab, sondern äußert – wie der Kritiker – nur seine eigene Meinung über die Situation.

Meistens übersetzen Kritiker ihre subjektive Meinung in eine scheinbar objektive Tatsache, indem sie apodiktisch behaupten, dass der Kritisierte etwas tut oder unterlässt. Mit der Anrede »Sie« wird fast immer eine Abwehrhaltung provoziert. Sie geben zu verstehen: »Sie haben dieses Problem verursacht«, »Sie hätten es besser wissen sollen«, »Sie sind schlecht.« Meistens ist Tadel überflüssig, weil Mitarbeiter selten absichtlich schlecht arbeiten. Ihr Verhalten wird in der Regel von dem Wunsch geleitet, ihre eigenen Bedürfnisse zu befriedigen, und zielt nicht absichtlich darauf ab, dem Kritiker die Arbeit zu erschweren.

Daher werden Sie die Kraft positiver Kritik eher nutzen können, wenn Sie zugeben, dass Ihre Kritik subjektiv und keine objektive Tatsache ist. Damit treten Sie dem Kritisierten nicht zu nahe. Es weckt vielmehr seine Neugier, warum Sie das denken – Sie fordern den Kritisierten auf, seine Beurteilung mit Ihrer Auffassung zu vergleichen. Sie deuten an, dass er seine Meinung äußern kann. Wenn Sie nicht sagen, dass er Unrecht hat oder ihn wegen eines bestimmten Verhaltens tadeln, fühlt er sich wohler und versucht, Ihren Standpunkt zu verstehen. Anstatt ihn durch Vorwürfe zu verärgern, können Sie einen konstruktiven Dialog beginnen.

Sind Sie sich Ihrer subjektiven Meinung bewusst, suchen Sie wahrscheinlich eher nach den richtigen Worten, vermeiden Verallgemeinerungen und Vorwürfe.

Warum wird ungern zugegeben, dass Kritik subjektiv ist? Manchmal ist es schwierig, weil Sie übersehen, dass andere den gleichen Sachverhalt anders beurteilen können. Wen Sie sich dessen bewusst sind, hilft es, zu berücksichtigen, dass Kritik subjektiv ist, und Zugeständnisse an die abweichenden Meinungen anderer zu machen. Rein praktisch können Sie dies mit einer Formulierung wie zum Beispiel »Ich glaube« andeuten. Aber dies löst eine andere Schwierigkeit aus.

Es kann eine unangenehme Erfahrung sein, wenn Sie Ihre Gedanken am Arbeitsplatz, insbesondere ihrem Vorgesetzten oder einem Kunden gegenüber, äußern. Wir befürchten, dass eine Idee verächtlich abgetan wird oder dass ein Gedanke unseren Wissensmangel aufdeckt. Doch dies ist erforderlich, wenn Sie Kritik üben. Sie müssen Ihre Auffassung darüber mitteilen, wie Sie eine bestimmte Situation, Verhalten oder Person beurteilen. Wenn Sie Ihre Meinung sagen, werden Sie verwundbar, weil Ihre Auffassung jetzt von anderen beurteilt wird. Wie oft haben Sie an einer Besprechung teilgenommen, in der der Chef fragte: »Irgendwelche Ideen?« und Sie schwiegen, selbst wenn Sie den Kopf voller Ideen hatten? Es ist wahrscheinlich sicherer, Ihre Gedanken für sich zu behalten. Wenn Sie Ihre Ideen mitteilen, können Sie kritisiert werden.

Ich empfehle Ihnen nicht, Ihre ganze Kritik offen zu legen, das wäre politisch unklug. Sie müssen ein Risiko eingehen – das Risiko, dass Ihre Auffassung von anderen beurteilt wird –, wenn Sie positive Kritik üben wollen.

Ich habe im Lauf der Zeit beobachtet, dass erfolgreiche Kritiker mit diesem Dilemma fertig werden, indem Sie die Vor- und Nachteile, Ihre Gedanken zu erläutern oder sie für sich zu behalten, strategisch beurteilen. Leider wissen Sie vorher nicht, ob Ihre Beurteilung stimmt. Aber eines ist sicher: Wer nicht bereit ist, das zu wagen, hat kaum eine Chance, die Kraft positiver Kritik zu nutzen.

Achten Sie darauf, dass Ihre Kritik motiviert

Eine der Hauptaufgaben der Kritik besteht darin, den Kritisierten »zu motivieren, etwas besser zu machen«.

Motivation ist ein altes psychologisches Konzept und es gibt zahlreiche Definitionen. Für unseren Zweck definieren wir Motivation als »etwas, das einen veranlasst, bestimmte Handlungen durchzuführen«. Motivation gibt es in den verschiedensten Formen: Gedanken, Gefühle, ein bestimmtes Wort, ein greifbarer Gegenstand oder ein nicht greifbares Bedürfnis.

Welche Form sie auch hat, das Ziel der Motivation besteht darin, Sie zur Tat zu veranlassen. Ihre Kritik kann auf Verbesserungen abzielen und wertvolle Informationen enthalten, aber wenn die Motivation fehlt, brauchen Sie nicht überrascht zu sein, wenn selbst der Kritisierte mit guten Absichten nicht danach handelt.

Prüfen Sie, ob Ihre Kritik den Motivationsaspekt berücksichtigt. Haben Sie den Eindruck, dass Ihre Mitarbeiter auf Ihre Kritik reagieren, weil sie sich verbessern *müssen* oder weil sie sich verbessern *wollen*. Erreichen Sie mit Ihrer Kritik nur kurzfristige oder auch langfristige Verbesserungen?

Wenn sich die Kritisierten nach Ihrer Kritik verbessern wollen und sich ihre Arbeit ständig verbessert, dann haben Sie den Motivationsaspekt in Ihrer Kritik berücksichtigt. Wenn Sie das Gegenteil erleben, dann ist es wahrscheinlich Zeit, Motivation in Ihrer Kritik zu berücksichtigen.

Wenn Motivation im Rahmen einer Kritik berücksichtigt wird, ist sie konstruktiv, sodass die Reaktion des Kritisierten gekennzeichnet ist durch den *Wunsch*, sich zu verbessern, anstatt durch das Gefühl, sich verbessern zu *müssen*. Mit anderen Worten, mit einer motivierenden Kritik veranlassen Sie den Kritisierten, dass er nicht nur das Nötigste tut, sondern sein Bestes geben will.

Eine motivierende Kritik zeigt dem Kritisierten deutlich, welche Vorteile er hat, wenn er entsprechend handelt. Da jede Kritiksituation unterschiedlich ist, müssen Sie die Motivation auf den Kritisierten abstimmen.

Ihre Motivationsmaßnahmen und Ihre Einstellung zum Kritisierten beeinflussen Ihre Kritik stark, ob Sie sich dessen bewusst sind oder nicht. Denken Sie nur an den Mitarbeiter, der keinen Termin hält. Wie würden Sie ihn motivieren, damit er Termine einhält?

Sollten Sie zu denjenigen gehören, die mit Zuckerbrot und Peitsche arbeiten, wird Ihre Kritik so lauten: »Wenn Sie befördert werden wollen, müssen Sie Ihre Termine halten«. Sie gehen davon aus, dass der Kritisierte befördert werden will und die Kritik ihn veranlassen wird, besser zu arbeiten.

Ein anderer Manager vertritt die Auffassung, dass Menschen motiviert werden zu handeln, wenn sie glauben, dass ihr Verhalten dazu beiträgt, ihre spezifischen, nicht greifbaren psychologischen Bedürfnisse zu befriedigen. Seine Kritik könnte zum Beispiel wie folgt lauten: »Ihre Kollegen werden Sie wirklich schätzen, wenn Sie Ihre Termine einhalten.« Von den Kollegen geschätzt zu werden, ist für den Kritisierten wichtig und wird ihn daher veranlassen, entsprechend zu handeln.

Welches Verhalten ist am besten? Selbstverständlich kann jede Kritik wirksam sein, je nach Persönlichkeit des Kritisierten und Situation. Der entscheidende Punkt ist, dass Ihre Annahmen über die motivierende Wirkung die

Art Ihrer Kritik beeinflussen. Meistens sind wir uns unserer Annahmen über die Motivationswirkung nicht bewusst und sehen daher nicht den Zusammenhang mit der Art unserer Kritik. Wenn die Kritik nicht die gewünschten Ergebnisse erreicht, ist der Kritiker frustriert, ärgerlich und hilflos. Schließlich sagt er: »Der Kerl ist wirklich ein Problem. Ich habe ein Dutzend Mal mit ihm gesprochen und er ändert sich nicht.« In Wirklichkeit ist das Problem darauf zurückzuführen, dass der Kritiker seine Annahmen über die Motivationswirkung seiner Kritik nicht ändert. Immer wieder benutzt er die gleichen wirkungslosen Anreize. Kein Wunder, dass der Kritisierte sein Verhalten nicht ändert.

Jene, die ständig die Kraft positiver Kritik nutzen, sind sich im Gegensatz dazu ihrer Annahmen über die Motivationswirkung bewusst. Daher sind sie flexibel. Wenn sie erkennen, dass ein Anreiz nicht wirkt, setzen sie in ihrer Kritik andere Anreize ein. Damit steigt ihre Erfolgsaussicht.

Am leichtesten können Sie sich Ihrer Annahmen über die Motivationswirkung bewusst werden, wenn Sie sich fragen, ob Ihre Kritik die gewünschten Ergebnisse erzielt. Wenn nicht, müssen Sie diese Annahmen in Frage stellen und ändern. Sind Sie sich Ihrer Annahmen über die Motivationswirkung bezüglich einer bestimmten Person bewusst, können Sie konkrete Anreize festlegen, die das gewünschte Verhalten auslösen.

Die meisten Führungskräfte behaupten, dass Sie Anreize in ihre Kritik einbauen, aber sie erkennen nicht, dass der Anreiz nur für sie wichtig ist. Sie schätzen den Wert des Anreizes für den Kritisierten falsch ein. Wenn Sie versuchen, einen Mitarbeiter zu veranlassen, sich zu ändern, damit Sie erfolgreich sind, hat das wahrscheinlich keine große Wirkung. Weisen Sie einen Kollegen darauf hin, dass Sie beide eine Chance haben, befördert zu werden, wenn er seinen Termin einhält, dann hat das wahrscheinlich keine motivierende Wirkung, wenn er gar nicht befördert werden will.

Damit Kritik eine Änderung bewirken kann, muss es sich für den Kritisierten lohnen, sich zu ändern. Er muss wissen, inwieweit er profitiert. Wenn Sie ihm einen Anreiz geben, den er schätzt, denkt er: »Das liegt in meinem Interesse. Ich tue es für mich.«

Um motivierende Anreize zu finden, müssen Sie Ihre Umgebung beobachten und sich fragen, was für die Betreffenden wichtig ist und was sie motivieren könnte. Beobachten Sie ihr Verhalten. Wenn es Ihre Beziehung erlaubt, sollten Sie sie fragen, was sie motiviert. Ihre Antworten geben Ihnen wertvolle Hinweise.

Bevor Sie jemanden kritisieren, müssen Sie sich selbst fragen: »Wird dies den Kritisierten motivieren, sich zu ändern?«

Wenn Sie einen Anreiz ausgewählt haben, bauen Sie ihn in Ihre Kritik ein. Wenn er nicht wirkt, sollten Sie nicht frustriert sein und den Kritisierten tadeln. Seien Sie flexibel und suchen Sie einen anderen Anreiz aus. Schließlich werden Sie den richtigen Anreiz und die Kraft positiver Kritik finden.

Verwenden Sie die richtigen Metaphern

Eine Verwaltungsleiterin des Faches Biologie einer Universität beschwerte sich bei mir, dass eine ihrer Assistentinnen Schwierigkeiten hatte, mit den Wissenschaftlern der Fakultät, die sehr bekannt waren, zurechtzukommen. Als ich mich informierte, erfuhr ich, dass die Assistentin Schreibarbeiten mit großer Verzögerung an die Wissenschaftler weitergab, sich ständig mit ihnen stritt und ihre Anforderungen zur Beschaffung von Versuchstieren häufig ignorierte. Die betreffende Assistentin sah das selbstverständlich ganz anders. Sie behauptete, dass ihr die Wissenschaftler auf den Wecker gingen – ständig stellten sie Forderungen, wären undankbar und arrogant. Die Verwaltungsleiterin bestätigte, dass die Auffassung der Assistentin zutreffend sei. Trotzdem war die Art, wie die Assistentin mit den Wissenschaftlern umging unprofessionell und inakzeptabel.

Die Verwaltungsleiterin hatte sich mehrere Male konstruktiv eingeschaltet. Sie hatte Besprechungen durchgeführt, um das Problem zu diskutieren. Sie hatte die Assistentin gefragt, was ihrer Meinung nach getan werden könnte, um die Situation zu verbessern, und was sie persönlich tun könne. Auch hatte Sie ihr erklärt, wie wichtig es sei, mit den Wissenschaftlern zurechtzukommen. Sie hatte sogar gelegentlich gedroht – alles vergeblich.

Nachdem ich die Beschwerden der Verwaltungsleiterin gehört hatte, fragte ich: »Was mag Ihre Assistentin? Hat sie ein Hobby? Was ist für sie wichtig?«

Als die Gelegenheit einige Tage später günstig war, sprach die Verwaltungsleiterin noch einmal mit ihrer Assistentin: »Sie wissen, dass diese Wissenschaftler etwas eigen sind. Sie sind genauso wie Ihre Pflanzen und Blumen. Sie brauchen viel Pflege. Sie müssen täglich gegossen werden, brauchen Sonnenschein und man muss mit ihnen sprechen. Wenn man das tut, blühen sie und werden stärker und schöner. Und es wird leichter für Sie sein, für sie zu sorgen.« Am Ende der nächsten Woche bemerkte die Verwaltungsleiterin, dass sich die Einstellung und das Verhalten ihrer Assistentin gegenüber den Wissenschaftlern wesentlich verbessert hatte.

Was die Verwaltungsleiterin sagte, klingt wie erfunden, aber tatsächlich half es ihr, schließlich das gewünschte Ergebnis zu bekommen. Sie verwendete eine Metapher, um in die Welt ihrer Assistentin einzudringen – sie sprach in einer Weise über die Wissenschaftler, die es der Assistentin ermöglichte, mit ihnen zu kommunizieren. Metaphern sind wirksame Instrumente, wenn man Kritik übt.

Bedeutet das, dass man den Kritisierten immer hofieren muss? Selbstverständlich nicht. Aber häufig ist eine Metapher ein nützliches Instrument, um die Kraft positiver Kritik nutzen zu können. Wenn Ihre Kritik zum Beispiel nicht wirksam ist, weil der Kritisierte sie nicht versteht und sie ihn daher nicht motiviert, sich zu ändern – selbst wenn Sie versucht haben, für die Veränderung Geld oder andere Anreize zu bieten.

Kritik mittels einer Metapher beruht auf dem psychologischen Prinzip, dass die Metapher als Zugang zum Unterbewusstsein des Kritisierten wirkt. Das bedeutet, dass Sie in die Welt des Kritisierten in einer Weise eindringen können, die er versteht. Die Kritik spricht jetzt die Motive des

Kritisierten an, sie ist verständlich und motiviert zu Handlungen.

Die Verwendung einer Metapher ist auch dann erforderlich, wenn Ihre Kritik sehr heikel ist oder sofort eine Abwehrhaltung auslösen kann. Hier ist Kritik durch eine Metapher hilfreich, weil sie erlaubt, die Kritik freundlicher auszudrücken. Sie sind vielleicht der Auffassung, dass Ihr Mitarbeiter zu impulsiv ist. Doch jedes Mal wenn Sie das Thema anschneiden, reagiert er ablehnend. Wenn Sie wissen, dass dieser Mitarbeiter im Urlaub angelt, können Sie ihn besser ansprechen, wenn Sie ihm sagen: »Bei diesem Auftrag ist es wie beim Angeln. Machen Sie langsam, warten Sie, bis Sie sicher sind, dass Sie den Fisch haben und holen Sie ihn dann vorsichtig ein.«

Wenn Sie eine Gruppe kritisieren müssen, kann Kritik mit einer Metapher zweckmäßig sein. Wichtig ist in diesem Zusammenhang, eine Metapher zu wählen, die von der ganzen Gruppe verstanden wird. Ein entsprechendes Beispiel ist die medizinische Direktorin eines Krankenhauses, die alle Abteilungsleiter kritisierte, weil sie Teamarbeit ablehnten. Sie konkurrierten miteinander und interessierten sich mehr für das Wohl und Ansehen ihrer jeweiligen Abteilung als das Wohl des ganzen Krankenhauses. Nachdem sie die Situation analysiert hatte, kam die medizinische Direktorin zu dem Schluss, dass es Ärger, Tadel und eine Abwehrhaltung auslösen würde, wenn sie das Problem direkt wie zum Beispiel mit den folgenden Formulierungen ansprechen würde: »Warum arbeitet Ihre Herzabteilung nicht mit der Rehabilitation zusammen?« oder »Welche Probleme hat Ihre Röntgenabteilung mit der Chirurgischen Abteilung?«

Stattdessen versuchte sie das Verhalten ihrer Mitarbeiter dadurch zu ändern, dass sie eine Metapher verwendete, die alle verstanden. Sie verwendete die Metapher des menschlichen Körpers und erklärte, was sie alle wussten –

was geschieht, wenn ein Organ nicht in Verbindung mit dem ganzen Organismus arbeitet. Die Ärzte verstanden die Metapher sofort. »Die Situation hat sich verbessert«, erzählte sie mir.

Wenn Sie diesen Tipp erfolgreich anwenden wollen, müssen Sie das Folgende beachten:

1. Wählen Sie die richtige Metapher. Hören Sie den Betreffenden zu und versuchen Sie, Ihre Werte und Interessen kennen zu lernen. Wählen Sie keine Metapher aus dem Sport, wenn der Kritisierte kein Sportfan ist.
2. Machen Sie sich mit der besonderen Sprache der Metapher vertraut. Wenn Sie das nicht machen, bemerkt der Kritisierte sofort, dass Sie nicht wissen, worüber Sie sprechen.

Metaphern sind eine gute Kommunikationsmöglichkeit und die Verwendung von Metaphern ist eine der besten Möglichkeiten, um die Kraft positiver Kritik zu nutzen.

Fassen Sie nach

Ab und zu erreichen Sie mit Ihrer Kritik das gewünschte Ziel. Manchmal ist der Kritisierte bereit, sich zu ändern, aber leider nur für kurze Zeit.

Nachdem Ihr Assistent einen Monat lang die Termine eingehalten hat, fällt er wieder in seine alte Gewohnheit zurück und hält die Termine nicht ein. Nachdem Sie mit Ihrem Vorgesetzten gesprochen haben, hört er besser zu, aber nach einer Woche verhält er sich wieder autoritär. Ihr Team reagiert auf Ihre Kritik und hält mehr Besprechungen ab, aber nach sechs Monaten schläft das wieder ein. Kurzum, die Kraft positiver Kritik wirkt nur vorübergehend.

Trotz der Tatsache, dass Sie wirksam Kritik geübt haben und der Kritisierte bereit ist zu reagieren, müssen Sie dennoch sicherstellen, dass er dabei bleibt. Anders ausgedrückt, wenn die Kraft positiver Kritik anhalten soll, müssen Sie immer nachfassen. Sie müssen beobachten, ob der Kritisierte wie vereinbart reagiert, und Sie müssen Ihre Beobachtungen dem Kritisierten direkt mitteilen. Diese Auffassung geht davon aus, dass Kritik ein Entwicklungsprozess ist und dem Kritisierten Veränderungen nicht unbedingt leicht fallen. Im Rahmen der Kritik wollen Sie den Kritisierten veranlassen, sich anders zu verhalten. Wenn Sie nachfassen, trägt dies dazu bei, dieses Ziel zu erreichen.

Wenn Sie erkennen, dass der Kritisierte nicht wie vereinbart reagiert, sollten Sie ihm das mitteilen. Das Gleiche gilt, wenn Sie erkennen, dass er sich verbessert. In beiden Fällen trägt Ihre Reaktion dazu bei, dem Kritisierten aufgrund Ihrer Reaktion zu signalisieren, dass Sie noch beteiligt sind und sich für die vereinbarte Lösung des Problems interessieren.

Viele Kritiker begehen beim Nachfassen zwei Fehler. Der erste Fehler besteht in der Annahme, der Kritisierte ignoriere die Kritik, wenn sie keine Verbesserung feststellen können. Dann beginnen sie, den Kritisierten destruktiv zu kritisieren oder, was genauso schlecht ist, ihre Beobachtungen festzuhalten und für die jährliche Leistungsbeurteilung zu speichern. Sie vergessen, dass es sehr schwierig ist, neue Gewohnheiten zu entwickeln oder das Verhalten zu verbessern – das lässt sich in der Regel nicht über Nacht erreichen. Ein Buchhalter kann seine Buchhaltung in einer Woche überprüfen, aber es kann sechs Monate dauern, bis ein Lehrer sein Verhältnis zu seinen Schülern verbessert hat.

Der zweite weit verbreitete Fehler besteht darin, zwar Verbesserungen zu bemerken, aber nicht anzuerkennen, und zu betonen, dass sich der Kritisierte nicht wie vereinbart verhält. Auch hier gilt, dass Änderungen nicht über Nacht geschehen. Wenn Sie positive Fortschritte nicht anerkennen, wird der Kritisierte wahrscheinlich zu seinem alten Verhalten zurückkehren, weil er sieht, dass ihm seine Bemühungen nichts einbringen. Da Änderungen hart sind, insbesondere ohne entsprechende Belohnung, verhält er sich wieder wie früher. Wenn Sie warten, bis der Kritisierte perfekt arbeitet, warten Sie ewig.

Sobald Sie Fortschritte sehen, sollten Sie direkt mit dem Kritisierten sprechen. Ihre Anerkennung wirkt als positive Verstärkung, hält ihn in Schwung und ermöglicht es ihm, besser zu werden.

Wenn Sie sehen, dass der Kritisierte Schwierigkeiten hat, produktiv zu handeln, sollten Sie Ihre Kritik wiederholen und fragen, wie Sie helfen können. Der Rektor, der zum Beispiel jede Woche einer Lehrerin half, den kritisierten Stundenplan anzupassen, fasst produktiver nach als der Rektor, der nur jede Woche fragt, ob die Lehrerin mit der Stundenplanänderung vorankommt.

Am wichtigsten ist vielleicht, dem Kritisierten durch Nachfassen zu zeigen, dass Ihr Hilfsangebot ernst gemeint war. Er stellt fest, dass Sie ihm helfen. Dann begrüßt er Ihre Kritik. Mit anderen Worten, wenn Sie nach der Kritik nachfassen, nutzen Sie die Kraft positiver Kritik.

Welche Beurteilungskriterien verwenden Sie?

Aristoteles und Plato, zwei Experten auf dem Gebiet der Kritik, vertraten die Auffassung, dass Kritik auf bestimmten Beurteilungskriterien beruhen sollte. Ich stimme dieser Auffassung zu und Sie wahrscheinlich auch. Allerdings werden Sie schon Diskussionen darüber geführt haben, was eine gute Leistung, eine gute Organisation oder ein guter Manager ist. Genauso werden Sie bereits in manchen Situationen die Beurteilungskriterien in Frage gestellt haben, mit denen Sie beurteilt wurden.

Die Verwendung von Beurteilungskriterien ist ein integraler Bestandteil der Kritik. Sie unterstreicht, dass Ihre Beurteilung rational begründet ist. Ihre Kritik an einem Marketingbericht wird zum Beispiel dadurch beeinflusst, wie ein Marketingbericht Ihrer Meinung nach aussehen sollte. Ihre Kritik an der Kundenbehandlung durch Ihren Assistenten spiegelt selbstverständlich wider, wie er sich Ihrer Auffassung nach verhalten sollte. In beiden Fällen beeinflussen Ihre Beurteilungskriterien Ihre Meinung, was gut oder was schlecht ist. Im Zusammenhang mit der Beurteilung von Leistungen sind Ihre Beurteilungskriterien die Grundlage für wichtige Entscheidungen.

In Bezug auf die Beurteilungskriterien gibt es zahlreiche Probleme, von denen ich hier einige beschreibe. Sie und Ihre Mitarbeiter müssen über die Auswirkungen nachdenken.

In meinen Kritikseminaren bitte ich die Teilnehmer, die wichtigsten Kriterien zu notieren, mit denen Sie das Seminar beurteilen werden. Typische Antworten der Seminarteilnehmer lauten:

»Ist das Seminar praxisbezogen?«
»Kann ich die Ergebnisse sofort anwenden?«
»Hat mich der Seminarstoff interessiert?«
»War der Referent gut?«
»Habe ich etwas Neues gelernt?«
»War der Referent so gut wie Martin Luther King, Junior?«
»Hat das Seminar meine Bedürfnisse befriedigt?«
»War der Referent humorvoll?«
»Habe ich drei neue Dinge gelernt, die ich anwenden kann?«
»Hat es mich auf den neuesten Stand gebracht?«

Dann frage ich die Seminarteilnehmer, welches Beurteilungskriterium am wichtigsten ist. Diese Frage löst im Allgemeinen heftige Diskussionen aus. Darauf frage ich: »Ist es zweckmäßig, das Seminar nach diesen unterschiedlichen Beurteilungskriterien zu beurteilen? Ich befriedige vielleicht Ihre Bedürfnisse, aber bin möglicherweise nicht humorvoll. Vielleicht bin ich ein guter Referent, aber ich werde nie das Charisma von Martin Luther King haben.« Dann geht die Diskussion über die Bedeutung der Beurteilungskriterien und die Verwendung mehrerer Beurteilungskriterien weiter.

Meistens gibt es keine eindeutige Lösung, aber die Seminarteilnehmer akzeptieren meine Empfehlung, dass es zweckmäßig ist, vor einer Kritik die Beurteilungskriterien zu kennen.

Sie erkennen sofort, dass ihre Beurteilungskriterien subjektiv sind. Sie spiegeln Ihre Werte wider und was Sie für gut oder schlecht halten. Diejenigen, die andere Beurteilungskriterien verwenden, werden sicherlich widersprechen. Weil unterschiedliche Beurteilungskriterien verwendet werden, entstehen in vielen Unternehmen Konflikte. Sie sollten wissen, welche Beurteilungskriterien Ihre wichtigsten Bezugspersonen verwenden.

Bevor Sie Kritik üben, sollten Sie überlegen, welche Beurteilungskriterien Sie zu Grunde legen. Ihre Kritik wird genauer, wenn Sie einen klaren Beurteilungsmaßstab für die Leistung oder das Verhalten des Kritisierten haben. Es reicht nicht aus, dass Sie Ihre Beurteilungskriterien kennen, sondern Sie müssen diese auch dem Kritisierten mitteilen. Verwechseln Sie die Mitteilung der Beurteilungskriterien nicht damit, dass Sie dem Kritisierten sagen sollten, was Sie wollen (Tipp 9).

Es gibt zahlreiche Möglichkeiten, wie Sie dem Kritisierten die Beurteilungskriterien mitteilen können. Es ist allgemein üblich, darüber zu sprechen, aber das ist nicht immer die wirksamste Methode. Manchmal ist es erforderlich, die Beurteilungskriterien zu zeigen oder zu demonstrieren. Ein Lektor erzählte mir zum Beispiel, dass er neuen Autoren ein Buch schickt, das den Schreibstil eines guten Managementbuchs demonstriert, und meistens bestätigen die Autoren, dass dies eine wertvolle Hilfe ist.

Kritik ist nur sinnvoll, wenn exakt definierte Beurteilungskriterien zu Grunde gelegt werden. Normalerweise macht es keinen Sinn, eine Außendienstmitarbeiterin zu kritisieren, wenn sie ihre Zielvorgabe übertrifft. Wenn sich aber Kunden dieser Außendienstmitarbeiterin darüber beschweren, dass sie von ihr ausgenutzt werden, dann ist Ihre Kritik berechtigt. Wenn ein Schulleiter den beliebtesten Lehrer wegen schlechter Leistung kritisiert, scheint dies völlig unangemessen zu sein. Wenn sein Beurteilungskriterium jedoch darin besteht, wie gut die Schüler dieses Lehrers bei Lesetests abschneiden, dann ändert sich die Beurteilung.

Um diesen Tipp wirksam anzuwenden, sollten Sie sich vor jeder Kritik die folgenden Fragen stellen:

- Welche Beurteilungskriterien verwende ich? Spiegeln sie das Verhalten wider, das ich kritisieren will?
- Sollte ich zusätzliche Beurteilungskriterien verwenden?
- Wissen die Betroffenen, welche Kriterien ich zur Beurteilung ihrer Tätigkeit und Ergebnisse verwende?
- Habe ich starre Beurteilungskriterien oder passe ich sie im Lauf der Zeit an?
- Was denken die Betroffenen über meine Beurteilungskriterien?

Die Beantwortung dieser Fragen zahlt sich aus, weil Ihre Beurteilung genauer wird und Sie damit die Kraft positiver Kritik nutzen können.

Hören Sie auf Ihre innere Stimme

Unsere Gedanken beeinflussen unsere Gefühle und unser Verhalten unter anderem durch unsere innere Stimme. Sie macht uns die Beurteilungen und Erwartungen bewusst. Unsere innere Stimme geht unseren Gefühlen voraus, begleitet sie oder folgt ihnen und steht mit ihnen in direktem Zusammenhang. Wenn Sie glauben, negativ kritisiert zu werden, dann äußert sich Ihre innere Stimme negativ.

»Dies ist schlechter als ich dachte«, »Wann hört er endlich auf?«, »Als Nächstes wird er mich entlassen« – Aussagen, die Sie kennen – sagt man sich häufig, wenn man kritisiert wird. Die innere Stimme spiegelt die negative Kritik wider und verhindert, dass Sie aufmerksam hören können, was der Kritiker tatsächlich sagt. Damit verschlechtert sich die Situation. Um diesem negativen Einfluss entgegenzuwirken, müssen Sie die Fähigkeit entwickeln, auf Ihre innere Stimme zu hören.

Wenn Sie auf Ihre innere Stimme hören, können Sie genau überwachen, was sie Ihnen sagt, wenn Sie kritisiert werden (oder Kritik üben). Wenn Sie Ihre innere Stimme hören, können Sie prüfen, ob sie Ihnen hilft oder die Situation verschlimmert, und Sie können die Kritik besser verstehen.

Wenn Sie diesen Tipp anwenden wollen, sollten Sie sich täglich fünf Minuten in eine ruhige Umgebung zurückziehen und auf Ihre innere Stimme hören. Achten Sie darauf, wie schnell Ihre Gedanken sind. Stellen Sie sich vor, Sie hören zu, wie eine andere Person telefoniert. So können Sie sich mit Ihrer inneren Stimme vertraut machen.

Wenn Sie eine Woche lang täglich einige Minuten auf Ihre innere Stimme hören, können Sie diese Fähigkeit beachtlich verbessern. Dann werden Sie in vielen Situationen – wie zum Beispiel beim Sport, während Sie Ihrem Partner zuhören oder an der Kinokasse in der Schlange stehen – bemerken, dass Sie Ihre innere Stimme hören. Dies erlaubt Ihnen, Ihre Gedanken produktiv anzuwenden.

Wenn Sie sich daran gewöhnt haben, Ihre innere Stimme zu hören, können Sie sich darauf konzentrieren, was Ihre innere Stimme sagt, wenn Sie kritisiert werden. Dann werden Sie vielleicht feststellen, dass Ihre innere Stimme in diesem Augenblick nur negative Botschaften wiedergibt, die nicht nur die Situation verschlimmern, sondern auch nicht dem tatsächlichen Sachverhalt entsprechen.

Die innere Stimme, die Sie hören, wenn Sie kritisiert werden, ist eine Gewohnheit – wenn Ihr Vorgesetzter Sie montags kritisiert lautet sie wahrscheinlich genauso wie wenn er Sie freitags kritisiert.

Infolge der Häufigkeit der Wiederholung meldet sich Ihre innere Stimme bei Kritik immer schneller, bis sie sich automatisch ohne vorheriges Nachdenken meldet. Ihre »automatischen« Gedanken haben die folgenden Eigenschaften:

- Sie sind häufig irrational. Sicherlich denkt ein Mitarbeiter, der kritisiert wird, weil er seine Leistung verbessern muss, »Ich bin ein Versager« und er verhält sich irrational.
- Sie vertrauen Ihrer inneren Stimme fast immer. Obwohl viele automatische Gedanken irrational sind, akzeptieren Sie diese in der Regel als wahr. Selten stellen Sie diese in Frage.

- In der Regel sind sie kurz. Eine Führungskraft, die Karriere macht, sagt sich vielleicht: »Vorbei!«, das heißt dass er nicht mehr damit rechnet, befördert zu werden.
- Ihre automatischen Gedanken kumulieren sich und enthalten Hinweise auf andere Gedanken. Ein deprimierender Gedanke löst vielleicht eine ganze Kette deprimierender Gedanken aus. (Hier ist ein Beispiel eines automatischen Gedankens, der im Allgemeinen entsteht, wenn ein Vorgesetzter einen Mitarbeiter kritisiert. Automatisch denkt der Mitarbeiter: »Ich habe den Auftrag vermasselt. Mein Chef denkt, ich bin dumm. Schon ist es mit meiner Beförderung vorbei. Was wird meine Familie sagen? Sie werden mich verlassen.«)

Das Problem ist, dass diese Gedanken im Bruchteil einer Sekunde auftreten, weil sie automatisch entstehen. Wir nehmen uns kaum die Zeit, um ihren destruktiven Inhalt zu erkennen, sondern nehmen sofort eine Abwehrhaltung ein.

Wenn Sie Ihre innere Stimme hören, können Sie die kontraproduktiven Gedanken erkennen und als Hinweis verstehen. Sie müssen versuchen, für die Kritik aufnahmefähig zu sein.

Ich empfehle die *Kontertechnik*. Sie beruht auf der Idee, dass Ihre kontraproduktiven Gedanken geistige Schläge sind, die Sie sich selbst beibringen. Sie werden daher unvermeidlich besinnungslos. Wie ein Boxer müssen Sie daher jeden kontraproduktiven Gedanken kontern, wenn Sie kritisiert werden, oder rational reagieren, um den Überblick zu behalten und produktiver handeln zu können. Wenn Ihre innere Stimme zum Beispiel sagt: »Er ist darauf aus, mich zu erwischen«, sollten Sie kontern, indem Sie sich sagen: »Woher weiß ich das überhaupt? Er sagt mir doch nur, wie ich meine Leistung steigern kann.« Wenn Sie sich dabei ertappen, dass Ihre innere Stimme sagt: »Ich bin ein Versager«, sollten Sie zum Beispiel so kontern: »Dass ich etwas nicht gut getan habe, bedeutet nicht, dass ich ein Versager bin. Ich werde lernen, damit ich es besser machen kann.« Mit dieser Überlegung können Sie die destruktiven Gedanken vertreiben und für die Kritik aufnahmefähig werden, sodass Sie rational überlegen können, ob die Kritik berechtigt ist.

Eine gute Möglichkeit, sich in der Kontertechnik zu üben, besteht darin, die destruktiven Aussagen Ihrer inneren Stimme bei Kritik zu kontern. Vor allem sollten Sie Gegenargumente entwickeln.

Außerdem sollten Sie niederschreiben, wie Sie sich bei Kritik verhalten sollten:

- Bleibe beim Thema.
- Höre zu, was gesagt wird.
- Ich kann aus dieser Situation lernen.
- Atme tief durch.

Solche Prinzipien sind wirksam, weil sie dazu beitragen, die Gefühle zu kontrollieren, sich konstruktiv zu verhalten, sich nicht ablenken zu lassen und das Selbstvertrauen vermitteln, mit der Kritik fertig werden zu können. Kurzum, wenn Sie lernen, auf Ihre innere Stimme zu hören, trägt dies dazu bei, die Kraft positiver Kritik zu nutzen.

Bleiben Sie ruhig, gelassen und gefasst

Ihr Herz schlägt schneller, Sie atmen schneller, Ihr Blutdruck steigt und Sie beginnen zu schwitzen. Beim Sport oder bei der Gymnastik würden Sie diese körperliche Reaktion sicherlich als normal betrachten. Aber wenn Sie Kritik üben oder kritisiert werden, ist sie ein Zeichen, dass Sie die Fassung verlieren und sich vom Erfolgskurs verabschieden.

Bei den meisten löst Kritik starke Gefühle aus, insbesondere Ärger, wenn wir kritisiert werden, und Angst, wenn wir Kritik üben. Diese Gefühle – verstärkt durch eine negative innere Stimme (Selbstvorwürfe) – intensivieren und beschleunigen unser körperliches Warnsystem, bis es unser Denken unterbricht.

Wenn dieser Prozess nicht kontrolliert wird, verlieren Sie Ihre geistige Beweglichkeit. Werden Sie kritisiert, wehren Sie die Kritik automatisch ab. Üben Sie Kritik, halten Sie starr an Ihrer Auffassung fest, weil Sie überzeugt sind, dass Sie Recht haben. In jedem Fall sind Sie nicht in der Lage, entspannt zu bleiben, wenn Sie kritisieren oder kritisiert werden, und dies hindert Sie, sich im Eifer des Gefechts zu konzentrieren.

Wenn Sie sich im Gegensatz dazu, nicht aufregen und ruhig bleiben, können Sie besser mit der Situation fertig werden. Sie können die Situation besser beurteilen und angemessen reagieren.

Sie können verschiedene Maßnahmen ergreifen, um ruhig und gefasst zu bleiben, wenn Sie Kritik üben oder kritisiert werden. Die Erste besteht darin, auf die körperliche Reaktion zu reagieren. Dies zeigt Ihnen, ob Sie die Fassung verlieren. Sie können diese Reaktionen als Warnhinweis betrachten und dann versuchen, sich zu beruhigen. Dies trägt dazu bei, dass Sie die Kritik besser beurteilen können. Wenn Sie Kritik üben, zeigt Ihnen Ihr Warnsystem, ob Sie zu ärgerlich oder zu besorgt sind, um Kritik zu üben.

Sie können lernen, Ihre Gefühle als Hinweis zu verwenden, ob Sie die Fassung verlieren, indem Sie Ihre körperliche Reaktion in verschiedenen Situationen überwachen. Überwachen Sie sich zum Beispiel, wenn Sie sich ausruhen, ein Buch lesen, Sport treiben, sich beeilen, um zur Arbeit zu kommen oder kritisiert werden. Konzentrieren Sie sich auf die Schnelligkeit Ihrer Atmung sowie den Herzschlag und entwickeln Sie ein Gefühl dafür, wie sie sich in verschiedenen Situationen unterscheiden. Sie werden bald bemerken, dass Ihr körperliches Warnsystem bei Ruhe viel langsamer ist, als wenn Sie in Eile sind oder wütend werden. Nach einigen Tagen Überwachung erkennen Sie leicht, wenn Ihr Körper sich aufregt.

Bei Kritik zahlt sich diese körperliche Empfindlichkeit aus, weil sie Ihnen ermöglicht, schnell zu erkennen, dass Sie sich aufregen. Dies ist ein Hinweis, sich zu beruhigen, vielleicht durch langsameres Atmen. Sie können es auch als Signal verstehen, dass Sie kontraproduktiv denken und es daher Zeit ist, auf die innere Stimme zu reagieren.

Eine zweite Möglichkeit, bei Kritik ruhig zu bleiben, besteht darin, eine Entspannungsreaktion zu entwickeln, die Fähigkeit, sich selbst in emotional bedrohlichen Situationen schnell zu beruhigen, wenn Sie es wollen. Ihre Entspannungsreaktion hilft Ihnen, gegenüber Kritik offen zu bleiben, weil sie ihnen erlaubt, rational zu denken.

Wenn in einer kritischen Situation eine Entspannungs-reaktion gezeigt wird, hindert Sie das daran, ärgerlich zu werden oder eine Abwehrhaltung einzunehmen. Sie bleiben geistig flexibel, urteilsfähig und können wirksamer Kritik üben.

Um Ihre Entspannungsreaktion zu entwickeln, sollten Sie zunächst eine Entspannungsübung auswählen und zehn Tage anwenden. Eine beliebte Entspannungsübung besteht darin, die verschiedenen Muskelgruppen in Ihrem Körper anzuspannen und zu lockern. Beginnen Sie mit den Wadenmuskeln und gehen Sie dann zum Oberschenkel, Magen, Schulter, Nacken und Stirn über. Spannen Sie jede Muskelgruppe ungefähr 30 Sekunden an und entspannen Sie sie dann. Am Ende der Übung ist Ihr Körper entspannt. Wenn das bei Ihnen nicht wirkt, sollten Sie eine andere Entspannungsübung aussuchen. Der Schlüssel besteht darin, die Entspannungsübung unter den folgenden Bedingungen durchzuführen:

1. Halten Sie sich in einer ruhigen Umgebung auf.
2. Sie müssen sich körperlich wohl fühlen.
3. Bei der Entspannungsübung sollten Sie entsprechende Gedanken haben.
4. Verhalten Sie sich passiv. Versuchen Sie nicht, sich zu entspannen, lassen Sie es geschehen.

Nach einigen Tagen Entspannungsübungen kommen Sie vielleicht zu dem Schluss, dass es nicht funktioniert. Sie hätten durchaus Recht. Es dauert zehn bis 14 Tage, um eine Entspannungsreaktion zu entwickeln.

Bei Kritik ruhig, gelassen und gefasst zu bleiben ist nicht leicht, aber wenn Ihnen das gelingt, können Sie die Kraft positiver Kritik nutzen.

Anwendung der Tipps für positive Kritik

Die Anwendung der Tipps für positive Kritik ist nicht so schwierig, wie Sie vielleicht denken. Dies will ich an dem folgenden Beispiel veranschaulichen. Achten Sie darauf, wie die Kritik durch Anwendung der Tipps wirksamer wird.

1. Ihr Bericht ist schlampig.
2. Sie müssen Ihren Bericht überarbeiten.
3. Ich glaube, Ihre Analyse könnte noch vertieft werden.
4. Ich möchte, dass Sie die Projekte in Schleswig-Holstein in Ihrem Bericht mit berücksichtigen.
5. Ich glaube, Ihre Analyse wäre noch besser, wenn Sie die Projekte in Schleswig-Holstein mit berücksichtigen.
6. Ich glaube, Ihr Projekt wird leichter genehmigt, wenn Sie die Projekte in Schleswig-Holstein mit berücksichtigen, weil das zeigt, dass wir bei ähnlichen Vorhaben schon Erfolg hatten. Ihre Analyse und Empfehlungen gefallen mir sehr gut. Ich glaube, Sie können die Analyse in zwei bis drei Tagen ergänzen, und dann können wir noch einmal darüber sprechen. Was halten Sie davon?

Die letzte Kritik unterscheidet sich völlig von der ersten. Sie wendet mehrere Tipps für positive Kritik an wie zum Beispiel:

- Tipp 14 – Hinweis auf die subjektive Betrachtung durch Formulierungen wie »Ich glaube« oder »Ich könnte mir vorstellen«.
- Tipp 8 – Erwähnung der Verdienste des Kritisierten durch Formulierungen wie »Ihre Analyse und Empfehlungen gefallen mir sehr gut«.
- Tipp 15 – Motivation durch Formulierungen wie »Ihr Projekt wird leichter genehmigt«.
- Tipp 9 – Anbieten einer Lösung durch eine Formulierung wie »Berücksichtigen Sie die Projekte in Schleswig-Holstein mit«.
- Tipp 13 – Vorgabe eines realistischen Termins durch eine Formulierung wie »In zwei bis drei Tagen«.
- Tipp 17 – Planung der Weiterbehandlung durch eine Formulierung wie »Dann können wir noch einmal darüber sprechen«.
- Tipp 7 – Einbeziehung des Kritisierten durch eine Formulierung wie »Was halten Sie davon?«

Zweifellos ist die letzte Kritik positiv, aber es gibt zahlreiche andere Möglichkeiten, den gleichen Sachverhalt auszudrücken. Zum Beispiel könnte die Kritik lauten: »Ich habe Ihren Bericht gelesen und möchte gern wissen, ob die Projekte in Schleswig-Holstein Ihrer Meinung nach mit berücksichtigt werden sollten?« Diese Kritik fordert den Kritisierten auf, selbst herauszufinden, ob es günstig ist, weitere Informationen in den Bericht aufzunehmen. Die Kritik ist insofern schwächer, weil sie nicht einfach kategorisch feststellt, dass Ihrer Meinung nach zusätzliche Informationen zu berücksichtigen sind. Die Formulierung »ich möchte gern wissen« deutet an, dass Sie nicht ganz sicher sind, ob Ihre Meinung richtig ist (obwohl Sie es vielleicht sind). Dies verbessert die Aussicht, dass der Kritisierte Ihren Einwand nicht als Hinweis auf einen Fehler in seiner Arbeit versteht. Diese Kritik verlangt auch eine

Reaktion, sie löst einen Dialog aus. Wenn der Kritisierte Ihnen zustimmt, können Sie Ihre Kritik durch Vorgabe eines Termins für die Ergänzung des Berichts abschließen. Falls der Kritisierte antwortet: »Nein, ich glaube nicht. Warum kommen Sie auf diese Idee?« oder einfach »Nein«, dann können Sie erläutern, warum die Ergänzung des Berichts vorteilhaft ist. Dabei sollten Sie darauf achten, Gründe zu nennen, die den Kritisierten veranlassen, die Kritik als positiv zu beurteilen. Um positiv auf die Frage des Kritisierten reagieren zu können, müssen Sie den Bericht kennen (Tipp 7).

Welche Kritik ist besser? Für die Beantwortung dieser Frage gibt es keine Empfehlungen bis auf den Aspekt zu beachten, wen Sie kritisieren, wie er Sie betrachtet und wie sich Ihre Beziehung entwickelt. Wenn der Kritisierte dazu neigt, eine Abwehrhaltung einzunehmen, ist die zweite Kritik vielleicht wirksamer. Wenn der Kritisierte Sie sehr schätzt, wäre die erste Kritik besser, weil sie autoritärer ist. Sie spricht eine konkrete Empfehlung aus und begründet die Änderung. Wenn Sie den Kritisierten zum ersten Mal kritisieren, formulieren Sie Ihre Kritik vielleicht ganz anders.

Letztlich hängt alles davon ab, zu wissen, was Ihrer Meinung nach geschehen soll, wie der Kritisierte Ihrer Meinung nach reagieren wird, und herauszufinden, wie Sie ihn veranlassen können, konstruktiv zu reagieren. Wenn Sie das tun, können Sie die Kraft positiver Kritik nutzen.

TEIL II

Verhalten in schwierigen Situationen

In den letzten 20 Jahren habe ich Tausenden von Menschen zugehört – von Vorstandsvorsitzenden bis zu Chauffeuren –, die ihre schwierigsten Situationen in Bezug auf Kritik schilderten. Darüber hinaus erhielt ich Informationen von vielen im Rahmen von Umfragen und Gruppendiskussionen, die in ihren Unternehmen durchgeführt wurden. Dazu gehören:

AT&T	CIA
Avon	Department of Labor
Bristol-Myers	FBI
EPA	Institutionen für die Weiterbildung
Hughes Aircraft	von Führungskräften
Hyatt	Krankenhäuser
IBM	MBA-Programme
Intel	führender Business Schools
IRS	Secret Service
McDonald's	Schulen
Merck	Young Presidents Organization
PBS	
TRW	
Warner-Lambert	
3M	

Aus diesen Daten habe ich die 14 schwierigsten Situationen ausgewählt, um sie hier eingehend zu analysieren.

Die Beziehung des Kritisierenden zum Kritisierten kann die Kritik erschweren. Manchmal ist es aufgrund des Verhaltens des Kritisierten schwierig, Kritik zu üben. Mitunter ist Kritik wegen der Reaktion des Kritisierten schwierig. Der gemeinsame Nenner dieser Situationen ist, dass es schwierig ist, Kritik zu üben oder anzunehmen – geschweige denn, die Kraft positiver Kritik zu nutzen.

Im zweiten Teil dieses Buches stelle ich bewährte Strategien, Techniken, Methoden und Maßnahmen vor, die Sie in den schwierigsten Situationen anwenden können, um die Kraft positiver Kritik zu nutzen.

Wenn Sie die einzelnen Situationen analysieren, sollten Sie die folgenden vier Punkte berücksichtigen:

1. In jeder Situation besteht das Ziel der Kritik darin, die Situation zu verbessern. Daher veranschauliche ich in jeder Situation, wie Kritik geübt werden sollte, um positive Veränderungen zu erreichen.

2. Meine Empfehlungen für bestimmte Techniken oder Maßnahmen stützen sich auf die Ergebnisse empirischer Erhebungen oder anerkannte Theorien. Sie zeigen, wie man die in Teil I beschriebenen Tipps kreativ und wirksam anwendet. Um die Kraft positiver Kritik nutzen zu können, müssen Sie die Tipps in Strategien und Maßnahmen umsetzen, die dazu beitragen, eine negative oder potenziell negative Situation in eine positive Begegnung mit positiven Ergebnissen zu verwandeln.

3. Obwohl für die verschiedenen Situationen unterschiedliche Strategien und Techniken empfohlen werden, werden Sie feststellen, dass sie eine breite Anwendung haben. Sie werden die Kraft positiver Kritik umso eher nutzen können, wenn Sie darüber nachdenken, wie sie in Ihrer konkreten Situation angewendet werden können.

4. Denken Sie daran, dass es für eine Situation nicht nur eine einzige richtige Lösung, sondern mehrere wirksame Maßnah-

men gibt. Daher sollten Sie überlegen, wie Sie in Ihrer Situation alternativ handeln könnten. Je stärker Sie darüber nachdenken, desto eher können Sie in einer schwierigen Situation die Kraft positiver Kritik nutzen.

Haben Sie Angst,
Ihren Chef zu kritisieren?

Am schwierigsten ist es, den eigenen Chef zu kritisieren –
unabhängig davon, ob es sich um ein Großunternehmen,
ein kleines Unternehmen, den öffentlichen Dienst oder ein
Krankenhaus handelt.

Die Lösung hängt selbstverständlich von dem jeweiligen Chef und der Situation ab, aber Sie werden im Vorteil
sein, wenn Sie sich von dem Glauben befreien, dass es sich
grundsätzlich negativ auswirkt, wenn Sie Ihren Chef kritisieren. Diese Auffassung hält die meisten davon ab, es
zu tun.

Obgleich Kritik am Chef manchmal negative Konsequenzen hat, sind sie doch die Ausnahme. Die meisten
Vorgesetzten – insbesondere die erfolgreichsten – akzeptieren es, von ihren Mitarbeitern kritisiert zu werden. Sie
lieben es allerdings nicht, in Verlegenheit gebracht zu werden, sie akzeptieren keine Drohungen und lassen es nicht
zu, dass ihre Autorität untergraben wird. Bei Kritik dieser Art ist natürlich mit unangenehmen Konsequenzen zu
rechnen. Wenn Sie Ihren Chef kritisieren, hängt der Erfolg Ihrer Kritik stärker als bei jeder anderen Situation am
Arbeitsplatz nicht nur davon ab, *was* Sie sagen, sondern *wie*
Sie es sagen.

Wenn Sie Ihren Chef kritisieren, sollten Sie drei Grundregeln beachten:

1. *Prüfen Sie, ob Ihr Chef für Kritik offen ist.* Obgleich es kein direktes Erfolgsrezept dafür gibt, können Sie Zeichen seiner Einstellung zu Kritik interpretieren. Geht er offen auf Kritik ein und akzeptiert er berechtigte Kritik? Ist er offen für Veränderungen – sehen Sie flexible und dynamische Grundsätze und Verfahrensweisen – oder bleibt alles beim Alten? Können Sie ihn ansprechen oder ist eine förmliche Besprechung erforderlich? Ist er sichtbar – ist seine Tür verschlossen, um Mitarbeiter draußen zu halten, oder ist sie offen, sodass man ohne weiteres zu ihm gehen kann? Wenn Sie glauben, dass Ihr Chef nicht offen für Kritik ist, sollten Sie sich anpassen, anstatt zu versuchen, ihn zu ändern.

2. Glauben Sie, dass Ihr Chef für Kritik offen ist, müssen Sie *überlegen, ob es angemessen ist, die Kritik zu äußern.* Dabei müssen Sie die Aufbauorganisation berücksichtigen, das heißt Sie können Ihre Kritik nur bei Ihrem direkten Vorgesetzten äußern. Wenn Sie einen anderen Vorgesetzten kritisieren, kann sich das nachteilig auf Ihre Karriere auswirken. Wenn sich Ihre Kritik nicht an Ihren direkten Vorgesetzten richtet, müssen Sie sich bei Ihrem direkten Vorgesetzten beschweren.

Wenn Ihr direkter Vorgesetzter Ihre Kritik abblockt, können Sie sich an den nächsten Vorgesetzten wenden, aber sie müssen Ihren direkten Vorgesetzten darüber informieren, indem Sie zum Beispiel sagen: »Chef, ich glaube, wir kommen in dieser Sache nicht voran. Ich werde daher Herrn XYZ ansprechen. Wollen Sie an dem Gespräch teilnehmen?« Nach meinen Erfahrungen löst eine derartige Bemerkung stärkere Nachdenklichkeit aus. Wenn das nicht der Fall ist und Ihr Chef nicht an dem Gespräch mit dem Vorgesetzten auf der nächsten Leitungsebene teilnimmt, können Sie Ihre Kritik vortragen. Selbstverständlich wird dieser Vorgesetzte auch die Stellungnahme Ihres Chefs einholen.

Sie sollten darauf achten, dass Sie Ihren Chef wegen eines Verhaltens kritisieren, das sich auf Ihre Arbeit auswirkt. Es ist nicht angebracht, den Chef wegen eines Verhaltens zu kritisieren, das sich nicht auf Ihre Leistung auswirkt. Dies lässt sich am Beispiel der Außendienstmitarbeiterin eines Kosmetikherstellers veranschaulichen, die den Marketingplan Ihres Chefs für ein neues Produkt kritisierte. Ohne dass man sie um ihre Meinung gefragt hatte, ging sie zu ihrem Chef und sagte:»Ich habe den neuen Marketingplan gelesen und festgestellt, dass das neue Produkt in meinem Gebiet eingeführt werden soll. Wie Sie wissen kaufen meine Kunden Produkte, die 15 Euro oder weniger kosten. Das neue Produkt soll aber 25 Euro kosten. Außerdem kaufen meine Kunden Handcremes und einfache Shampoos, keine Premiumprodukte. Ich glaube daher nicht, dass es eine große Nachfrage nach dem neuen Produkt gibt. Wenn Sie trotzdem auf der Einführung des neuen Produkts bestehen, werde ich mich bemühen, aber ich glaube nicht, dass wir damit Erfolg haben werden.« Nachdem ihr Chef die demographische Struktur des Verkaufsgebietes überprüft hatte, stimmte er ihr zu und änderte den Marketingplan entsprechend. Obwohl die Außendienstmitarbeiterin mit dem Marketingplan Ihres Chefs nicht einverstanden war, wies sie darauf hin, dass sie sich Mühe geben werde. Es ist wichtig, Ihrem Chef mitzuteilen, dass Sie sich nach allen Kräften bemühen, seine Vorgaben zu erfüllen – selbst wenn Sie seinem Plan nicht zustimmen.

Wenn Sie Ihren Chef kritisieren, müssen Sie genau wissen, worüber Sie reden. Meistens erwartet Ihr Chef überhaupt nicht, dass Sie ihn kritisieren. Dies ist eine zähe Situation, die sich nur schwer überwinden lässt. Daher ist es wichtig, dass Sie Ihre Kritik begründen, sonst wird Ihr Chef nicht darauf eingehen und Sie in negativem Licht sehen, was sich sicherlich auf Ihren Job und die Möglichkeit auswirkt, ihn zu kritisieren. Zur Begründung Ihrer Kritik können Sie vielleicht Daten erheben und analysieren, genau dokumentieren, wie sich das Verhalten Ihres Chefs auf ihre Arbeit auswirkt und, falls das möglich ist, andere um Rat bitten.

3. Die dritte Regel für Kritik an Ihrem Chef ist vielleicht die Wichtigste. Sie lautet: *Vermeiden Sie einen Machtkampf.* Sie sollten darauf achten, dass die Art Ihrer Kritik nicht das Selbstwertgefühl Ihres Chefs verletzt oder die Sicherheit seines Arbeitsplatzes bedroht. Falls das geschieht, wird Ihr Chef sicherlich eine Abwehrhaltung einnehmen und Sie müssen damit rechnen, dass Sie bei einer Auseinandersetzung den Kürzeren ziehen. Dann wird Ihre Kritik zurückgewiesen und es bleibt beim Status quo. Jede Strategie zur Kritik Ihres Chefs muss daher sein Selbstwertgefühl wahren und ausdrücklich oder stillschweigend anerkennen, dass er der Vorgesetzte ist.

Wenn Sie diese Grundregeln berücksichtigen, gibt es nach meinen Erfahrungen zwei Methoden, um einen Chef wirksam zu kritisieren:

1. Die erste Methode besteht darin, Ihren Chef in einer Weise zu kritisieren, die *betont, dass Ihre Kritik berechtigt ist.* Der springende Punkt in diesem Zusammenhang ist, dass Sie sich hier nicht als glaubwürdige Quelle der Kritik präsentieren, sondern Ihre Kritik als wichtig und berechtigt vortragen. Sie maximieren die Bedeutung der Information, statt den Standpunkt einzunehmen, den Sie als Mitarbeiter am besten kennen.

Anstatt sich als allwissend zu präsentieren, präsentieren Sie sich als jemand, der wertvolle Informationen übermittelt, die sich auf Ihren Job und den Job Ihres Vorgesetzten beziehen. Anstatt Ihre Kritik annehmen oder zurückweisen zu müssen, ist Ihr Vorgesetzter jetzt in einer Position, in der er sein Gesicht wahren kann und nur die Informationen beurteilen muss, die Sie liefern. Wenn die Informationen stimmen, ist es für Ihren Vorgesetzten eine hervorragende Gelegenheit, Maßnahmen zu ergreifen. Ihre Kritik können Sie zum Beispiel dadurch belegen, dass Sie wichtige Quellen zitieren sowie ergänzende Daten und Unterlagen vorlegen.

Die Mitarbeiterin eines Finanzdienstleistungsunternehmens wendete diese Technik an, als sie ihre Chefin wegen der Auswahl eines Computersystems kritisierte. Anstatt ihrer Chefin zu sagen, dass sie das falsche System auswählt, oder dass sie wüsste, welches System gekauft werden sollte, gab sie ihrer Chefin einige aktuelle Berichte, aus denen hervorging, dass ein anderes System ihre Bedürfnisse besser erfüllte. Nachdem ihre Chefin die Artikel gelesen hatte, änderte sie die Auswahl und dankte ihrer Mitarbeiterin für die Lieferung »wertvoller Informationen«.

2. Die zweite Empfehlung zur Kritik an Ihrem Chef lautet, die *Kritik als Bitte um Unterstützung zu formulieren*, nachdem Sie überlegt haben, wie Ihr Chef Ihnen durch Reaktion auf Ihre Kritik helfen kann (Tipp 2).

Anstatt darauf hinzuweisen, was Ihr Chef falsch macht oder was er tun sollte, sollten Sie ihm erklären, dass Sie ein Problem haben und nicht wissen, wie Sie es lösen sollen. Aus Ihrer Sicht ist selbstverständlich das Verhalten Ihres Chefs das Problem, aber wenn Sie das direkt ansprechen würden, würde es wahrscheinlich eine Abwehrhaltung und einen Machtkampf auslösen, den Sie unvermeidlich verlieren würden.

Daher sollten Sie die Kritik in der Form äußern, dass Sie »ein Problem haben«. Wahrscheinlich wird Ihr Chef erkennen, dass er Ihnen nur helfen kann, wenn er sein Verhalten ändert. Wenn Ihr Chef Ihnen andererseits helfen kann, ohne sein Verhalten zu ändern, ist das für Sie auch günstig, weil die Situation verbessert wird.

Die Sekretärin eines Flugzeugherstellers wendete diese Technik bei Ihrem Chef an, der die Gewohnheit hatte, sie nicht über seine Termine zu informieren. Daher konnte Sie anderen Mitarbeitern und Kollegen Ihres Chefs keine Termine geben. Diese bedrängten Sie ständig, ihnen einen Termin zu geben oder ihnen zumindest mitzuteilen, wann ihr Chef wieder im Büro ist. Wenn sie antwortete, dass sie es nicht wüsste, steigerte dies nur ihre Verärgerung. Sie hatte ihren Chef bereits verschiedene Male gebeten, ihr seine Termine im Voraus mitzuteilen, und wurde jedes Mal schroff mit der Bemerkung abgewiesen: »Ich werde es Ihnen sagen, wenn es mir passt.«

Als sie mit ihrem Latein am Ende war, ging sie zu Ihrem Chef und sagte ihm, dass sie ein Problem habe und fragte ihn, ob er ihr helfen könne. Er hörte sich das an und sie fuhr fort: »Ich weiß nicht, was ich Ihren Kollegen und Kunden sagen soll, wenn sie mich fragen, wann Sie im Büro sind. Wenn ich antworte, dass ich es nicht weiß, werden sie ärgerlich und lassen es an mir aus. Ich weiß daher nicht, was ich machen soll. Haben Sie eine Idee?«

Nach kurzer Überlegung antwortete ihr Chef, dass das Problem nur gelöst werden könne, wenn er ihr seine Termine mitteilt. Er könne ihr seine Termine jedoch nur jeweils zwei Tage im Voraus mitteilen. Die Sekretärin sagte, es wäre schon eine Erleichterung, wenn sie die Termine einen Tag im Voraus wüsste, und dankte ihm für die Lösung des Problems. Obwohl dies keine perfekte Lösung war, war es im Vergleich zur vorhergehenden Situation eine wesentliche Verbesserung. Es gelang ihr, das Verhalten ihres Chefs zu ändern, indem sie ihn bat, ihr zu »helfen«.

Nehmen wir beispielsweise an, Ihr Chef liefert Ihnen die Daten, die Sie für Ihre Arbeit dringend benötigen, ständig mit Verspätung. Dann können Sie sagen: »An den Tagen, an denen die wöchentlichen Produktionszahlen nicht vorliegen habe, habe ich Schwierigkeiten, meine Abteilung zu leiten. Können Sie mir sagen, wie ich die Situation verbessern kann?« Ist Ihre Kritik berechtigt, wird Ihr Chef wahrscheinlich auf Ihre Kritik eingehen und das Problem lösen und seine Termine einhalten.

Wenn Sie dieses Verhalten wählen, können Sie aus verschiedenen Gründen gute Ergebnisse erwarten. Der Erste besteht darin, dass Leute dazu neigen, für Informationen aufgeschlossener zu sein und eher zu reagieren, wenn sie als Bitte, statt als Forderung geäußert werden. Diese verletzt das Selbstwertgefühl des Kritisierten. Es kommt ihm so vor, als ob er der Mitarbeiter ist und seine Überlegungen wichtiger sind, und daher reagiert er abwehrend.

Wenn Sie Ihre Kritik als Bitte um Hilfe formulieren, vermitteln Sie mehrere Botschaften, die die Aufnahmebereitschaft Ihres Chefs verbessern. Erstens teilen Sie ihm mit, dass Sie ihn respektieren, weil Sie ihn fragen, anstatt ihm etwas zu sagen. Weil Respekt ausgedrückt wird, ist Ihr Chef offener. Noch wichtiger ist, dass Sie sein Selbstwertgefühl heben, weil Sie sich freiwillig eine »Blöße geben« und als »Unterlegener« um Hilfe bitten. Sie bringen unmissverständlich zum Ausdruck, dass Sie ohne die Hilfe Ihres Chefs nicht weiterkommen. Diese Botschaft hört Ihr Chef gern, weil sie bestätigt, dass er als Vorgesetzter der Überlegene ist. Noch wichtiger ist, dass dies sein Selbstwertgefühl steigert und ihn veranlasst, konstruktiv zu reagieren.

Wenn Sie Ihren Chef um Hilfe bitten, signalisiert dies, dass er benötigt wird, und dass Sie als Mitarbeiter glauben, dass er das Problem lösen kann. Lassen Sie es mich ausführlicher formulieren: Wenn Sie Ihren Chef ausdrücklich um Hilfe bitten, sprechen Sie stillschweigend sein Bedürfnis an, benötigt zu werden und ein Problem lösen zu können. Die Befriedigung dieser Bedürfnisse ist für die meisten Menschen ein starker Handlungsanreiz. Wenn Sie diese

Bedürfnisse ansprechen, haben Sie fast eine Garantie, dass Ihr Chef versuchen wird, diese zu befriedigen, indem er Ihnen hilft, eine Lösung zu finden. Wenn Sie die unterlegene Position einnehmen, erfordert dies von Ihnen Selbstbeherrschung, aber es lohnt sich.

Wie soll man sich bei einem unmöglichen Vorgesetzten verhalten? Bei solchen Vorgesetzten müssen Mitarbeiter verschiedene Strategien entwickeln und ausprobieren, bis eine erfolgreich ist. Möglich sind zum Beispiel folgende Lösungen: Wenn ein stoischer Chef Ihnen nicht mitteilt, wo Sie stehen, können Sie sich auf die Unternehmensziele beziehen, um konkrete Kriterien für die Leistungsbeurteilung im nächsten Jahr festzulegen. Dann können Sie Ihre Leistung »gemeinsam« überwachen. Wenn Ihr Chef dazu neigt, ständig Krisen heraufzubeschwören, sollten Sie ein starkes Netzwerk von Beziehungen mit Kollegen entwickeln, das Ihnen helfen kann, die erforderlichen Informationen zu erhalten, um zu entscheiden, ob tatsächlich eine Krise vorliegt. Wenn Ihr Chef zu übertriebenen Kontrollen neigt, sollten Sie, falls möglich, so viel wie möglich außerhalb des Büros arbeiten, Verfahrenshindernisse übertreiben und Ihrem Chef häufig versichern, dass Sie im Zeitplan sind. Wenn der Chef wirklich unmöglich oder aufbrausend ist beziehungsweise nie zuhört, dann sollten Sie ihn nur kritisieren, wenn Sie kreativ sind und eine gute Idee haben. Richten Sie Ihre Strategie darauf aus, die Grundfrage zu beantworten: »Wie kann ich diese Informationen so mitteilen, dass mein Vorgesetzter sie als nützlich betrachtet?«

Für den Mitarbeiter ist es am wichtigsten zu erkennen, dass die Techniken zur Kritik an Vorgesetzten nicht auf direkter, offensichtlicher Kommunikation beruhen. Die Verfügungsgewalt verhindert, dass Sie Ihrem Vorgesetzten sagen können, dass er ein Idiot ist oder dass er einen dummen Fehler gemacht hat, selbst wenn der Vorgesetzte Ihnen das täglich sagt. Stattdessen müssen Sie sich auf informelle Beziehungen, den richtigen Zeitpunkt, Zweideutigkeit, Selbstbeschränkung und Andeutungen verlassen. Zusammen geben Sie Ihnen und Ihrem Chef die Kraft positiver Kritik.

Zornige Reaktion des Kritisierten

Die größte Befürchtung im Zusammenhang mit Kritik besteht darin, dass der Kritisierte zornig reagiert. Und das mit gutem Grund. Zorn ist ein starkes Gefühl, das Schwierigkeiten verursachen kann, wenn es nicht in Schach gehalten wird. Nehmen Sie das extreme Beispiel des Vorgesetzten, der einen Mitarbeiter in einer Besprechung kritisiert. Der Mitarbeiter springt auf und schüttet seinen Kaffee auf den Kritiker, dabei bespritzt er noch einige unbeteiligte Nachbarn.

Empirische Studien haben gezeigt, dass Arbeitnehmer bis zu zehn Mal am Tag wütend werden. Ihre eigenen Erfahrungen werden bestätigen, dass häufig Ärger entsteht, wenn Kritik geübt wird. Die Forschung zeigt auch, dass die meisten Menschen ihren Ärger nur schlecht unterdrücken können. Wenn Sie außerdem berücksichtigen, wie häufig am Arbeitsplatz kritisiert wird, dann ist klar, dass es eine der schwierigsten Situationen ist, wenn der Kritisierte zornig reagiert.

Warum ist es so schwierig, mit Ärger fertig zu werden? Ich habe viele Begründungen gehört, aber der gemeinsame Nenner lautet schlicht und einfach, dass wir uns nicht wohl fühlen, wenn der Kritisierte ärgerlich reagiert. Und allzu häufig werden wir auch ärgerlich.

Es ist schwierig, mit dieser Situation fertig zu werden, weil der Ärger des Kritisierten, insbesondere in einer

Besprechung, zu einer gespannten Atmosphäre führt und uns in Verlegenheit bringt. Der Ärger lenkt von Problemen ab und die Kommunikation wird gestört. Aber dies ergibt sich daraus, dass der Kritisierte ärgerlich ist. Der eigentliche Grund liegt darin, dass wir uns bei Ärger nicht wohl fühlen.

Das ist nicht überraschend, wenn man berücksichtigt, dass Ärger ansteckend wirkt. Wenn der Kritisierte ärgerlich reagiert, dann werden Sie höchstwahrscheinlich auch ärgerlich. In diesem Fall ist es unwahrscheinlich, dass Sie positiv kritisieren, und es ist noch unwahrscheinlicher, dass der Kritisierte Ihnen zuhört. Er wird wahrscheinlich darauf hinweisen, dass Sie wütend werden, und er gern mit Ihnen sprechen würde, wenn Sie sich beruhigen. Dann werden Sie sicherlich noch ärgerlicher.

Um mit dem Ärger des Kritisierten fertig zu werden, müssen Sie gleichzeitig mehrere Fähigkeiten anwenden. Die erste besteht darin, dass Sie Ihren eigenen Ärger unterdrücken. Wenn Ihnen das gelingt, können Sie mit der unangenehmen Situation fertig werden, sodass Sie sich immer noch angemessen verhalten. Am wirksamsten sind tägliche Entspannungsübungen, die Ihnen helfen, auch bei gespannter Atmosphäre entspannt bleiben zu können. Wenn Sie Ihren eigenen Ärger herunterschlucken können, lässt sich der Ärger des Kritisierten wahrscheinlich eher überwinden.

Hier sind einige Möglichkeiten, wie Sie in dem Augenblick reagieren können. Sie sollten den Kritisierten beruhigen. Ruhe hält den Ärger in Schach und erlaubt Ihnen, ein vernünftiges Gespräch zu führen. Achten Sie auf Anzeichen von Ärger – Tonlage, Gesichtsausdruck, Gesten. Wenn Sie diese Anzeichen bemerken, sollten Sie aufhören zu sprechen und den Kritisierten um eine Stellungnahme bitten – wahrscheinlich wird er Sie ohnehin unterbrechen. Das führt zu einem Dialog, anstatt zum Streit.

Bitten Sie den Kritisierten, langsam zu sprechen, damit Sie ihm wirklich folgen können. Wenn er langsamer spricht, wird er sich gleichzeitig beruhigen, und es wird vermieden, dass er wütend wird.

Dann hören Sie wahrscheinlich zahlreiche Entschuldigungen oder Vorwürfe. Da sich diese Reaktion aus der Verärgerung des Kritisierten ergibt, sollten Sie auf keinen Fall darauf eingehen. Es ist entscheidend, dass Sie jetzt Ruhe bewahren, sonst werden Sie angesteckt. Wenn Sie ruhig bleiben, können Sie hören, was der Kritisierte sagt.

Einem wütenden Gesprächspartner zuzuhören ist viel mehr als sich zu setzen, geduldig zu sein und zu erlauben, dass der Kritisierte Dampf ablässt. Zuhören bedeutet, sich zu konzentrieren, um zu verstehen, was der Kritisierte erlebt und warum. Zuhören ist eine Fähigkeit, die Zeit und Übung erfordert. Hier sind einige Empfehlungen, wie Sie dem zornigen Kritisierten zuhören können:

- *Unterbrechen Sie ihn nicht.* Unterbrechungen führen zu einer Eskalation der Situation. Sie zeigen, dass Sie nicht zuhören.
- *Denken Sie an Ihre Körpersprache.* Guter Augenkontakt und die Körperhaltung sind nichtverbale Signale, dass Sie zuhören.
- *Fassen Sie mit ihren eigenen Worten zusammen, was der Kritisierte Ihrer Auffassung nach sagt.* Sie sollten sein Recht anerkennen, sich so zu fühlen, wie er will. Fragen Sie nach, ob Sie die Botschaft richtig verstanden haben.
- *Wenn der Kritisierte Ihnen vorwirft, nichts zu verstehen, sollten Sie ruhig bleiben und deutlich machen, dass Sie ihn verstehen wollen.*
- *Bleiben Sie flexibel.* Verwenden Sie das, was der Kritisierte sagt, um Ihre Kritik zu modifizieren, fallen zu lassen oder darauf zu bestehen. Wenn Sie auf das reagieren, was der Kritisierte sagt, anstatt einfach Ihre Punkte zu wiederholen,

zeigen Sie ihm, dass Sie wirklich zuhören. Dann ist sein Ärger wahrscheinlich schon verflogen.

Diese Taktik erlaubt Ihnen, den Ärger des Kritisierten abzubauen, sodass Sie die Kritik in einem konstruktiven Dialog diskutieren können. Je besser Sie dem Kritisierten zuhören können, desto ruhiger wird er bleiben und desto nachdenklicher wird er werden in Bezug auf das, was Sie sagen.

Wenn die ärgerliche Reaktion anhält, kann es wirksam sein, etwas zu sagen wie »Ich respektiere Ihr Recht, eine andere Meinung zu haben, aber ich weiß nicht, warum Sie wütend werden«. Dann können Sie Ihre eigene Auffassung erläutern: »Liegt es daran, dass Sie sich bedroht fühlen? Das ist nicht meine Absicht« oder »Habe ich meine Grenzen überschritten?« Warten Sie dann auf die Antwort des Kritisierten.

Nach meinen Erfahrungen bremst eine derartige Reaktion den Ärger des Kritisierten. Sie macht ihm deutlich, dass er ärgerlich ist, und dies hilft ihm, sich zu kontrollieren.

Häufig stellt Ärger eine Reaktion auf eine Drohung dar. Daher sollten Sie irrationale Gedanken, die der Kritisierte vielleicht hat, ignorieren. So könnten Sie zum Beispiel sagen: »Ich hoffe, Sie glauben nicht, dass ich Ihnen eine weitere Anweisung gebe oder dass ich auf Ihre Arbeit keinen Wert mehr lege. Das stimmt nicht. Ich möchte nur, dass es nächstes Mal besser läuft.«

So sollten Sie sich verhalten, wenn Sie jemanden kritisieren, der mitten im Gespräch ärgerlich wird. Die Idee besteht darin, den Ärger zu zügeln, damit Sie Kritik üben und darüber sprechen können.

Es gibt auch Situationen, in denen Sie wissen, dass der Kritisierte beim ersten Anzeichen von Kritik ärgerlich wird. In solchen Situationen können Sie den Ärger des Kritisierten zügeln, indem Sie zu Beginn des Gesprächs feststellen, dass Sie nicht erwarten, dass er ärgerlich wird. Oder Sie machen ihm im Voraus ein Kompliment, sodass er gar nicht ärgerlich werden kann. Sie könnten zum Beispiel sagen: »Ich weiß, dass Sie nicht ärgerlich werden, wenn ich Ihnen dies sage« oder »Ich schätze es, dass Sie im Gegensatz zu anderen nicht ärgerlich werden, wenn ich Ihnen dies sage.«

Dieser Strategie liegt die Überlegung zugrunde, mit der einleitenden Bemerkung sein Selbstwertgefühl zu heben. Wenn der Kritisierte trotzdem ärgerlich wird, rechtfertigt er Ihr Kompliment nicht. Die meisten lassen aber das Kompliment gelten und unterdrücken ihren Ärger.

Wie sollten Sie sich verhalten, wenn Ihr Chef Sie ärgerlich kritisiert? Eine Sekretärin konnte es nicht mehr hören, wenn ihr Chef sie wütend kritisierte und beleidigte. Er verwendete beleidigende Formulierungen wie »Wie konnten Sie so dumm sein?«, »Sie schreiben wie ein Schulabbrecher«, »Manchmal glaube ich, Sie sind taub«. (Dies waren die schwachen Beleidigungen!) Schließlich schrieb Sie seine Lieblingsbeleidigungen auf einer Karteikarte auf. Als er das nächste Mal seine Schimpftirade begann, zückte Sie die Karteikarte und sagte: »Hier Chef, dies ist einfacher für Sie. Sie brauchen nur die Liste durchzugehen.« Sie lachten beide und der Chef erkannte, wie unangemessen sein Verhalten war. Er änderte sich. Selbstverständlich kann diese Empfehlung nicht unbesehen angewendet werden, wenn man von seinem Vorgesetzten kritisiert wird. Aber sie veranschaulicht, dass man auf Kritik unterschiedlich reagieren kann.

Es gibt keine Garantie, dass man den Kritisierten davon abhalten kann, ärgerlich zu reagieren. Wenn Sie jedoch Ihren Ärger herunterschlucken, ruhig bleiben und zuhören, was der Kritisierte sagt, und seinen Ärger dämpfen, dann besteht die Aussicht, dass Sie die Kraft positiver Kritik nutzen können.

Persönliche Kritik

Mussten Sie schon einmal jemanden wegen seiner Körperpflege kritisieren? Das ist zweifellos unangenehm. Sie könnten zum Beispiel in den folgenden drei Schritten vorgehen.

Erster Schritt: Warum ist die Kritik schwierig?
Zunächst sollten Sie überlegen, warum es beispielsweise schwierig ist, jemandem zu sagen, dass er Körpergeruch hat. Meistens wird der Kritisierte einwenden, dass das eine persönliche und keine geschäftliche Angelegenheit sei. Doch jeder weiß, wie unangenehm es ist, mit einem Teammitglied, Chef, Mitarbeiter oder Kunden zusammenzuarbeiten, der unangenehm riecht. Selbstverständlich ist das eine persönliche Angelegenheit, aber auch ein Anlass für Kritik.

Diese Kritik ist schwierig, weil sie peinlich ist. Die meisten empfinden es als peinlicher als jede andere Kritik, wenn sie jemanden wegen mangelnder Körperpflege kritisieren müssen. Daher muss man im ersten Schritt mit der Peinlichkeit der Situation fertig werden. Dazu müssen Sie Ihre emotionale Intelligenz anwenden und sich daran erinnern, dass uns alle Gefühle (wie zum Beispiel Verlegenheit, Zorn und Angst) wertvolle Informationen liefern, die wir nutzen können, um mit Gesprächspartnern besser umgehen zu können.

Gefühle sind ein komplexes interaktives System Ihrer Gedanken, körperlichen Reaktionen und Verhaltensweisen. Wenn sie jemanden wegen seiner Körperpflege kritisieren, glauben die meisten Menschen, dass es herabsetzend und beschämend ist. Dies wird als unangenehm empfunden, weil die wenigsten jemanden vorsätzlich beschämen oder herabsetzen möchten beziehungsweise anderen etwas sagen, das als beschämend und herabsetzend empfunden wird. Doch ich glaube, es ist erforderlich.

Diese negativen Gedanken werden als peinlich empfunden. Manchmal ist das Gefühl so stark, dass man rot wird. Diese unangenehmen Gefühle beeinflussen, wie wir in einer derartigen Situation handeln.

In diesem Fall verhalten sich viele Menschen kontraproduktiv. Manchen ist die Situation so peinlich, dass sie jede Kritik vermeiden – mit dem Ergebnis, dass sich die Situation nicht ändert.

Andere versuchen, mit der Peinlichkeit der Situation fertig zu werden, indem sie so tun, als ob sie nicht peinlich ist. Dieses Verhalten wirkt paradoxerweise so, dass die Situation noch peinlicher wird. Dies ist daran zu erkennen, dass sie schwitzen und stottern.

Wie können Sie Ihre Verlegenheit überwinden und den Betreffenden kritisieren? Handeln Sie mit emotionaler Intelligenz, indem Sie sich eingestehen, dass es Ihnen peinlich ist. Dann können Sie offen zum Ausdruck bringen, dass Ihnen (und wahrscheinlich anderen) die Situation peinlich ist. Dies ermöglicht Ihnen, mit den unangenehmen Gefühlen fertig zu werden.

Allgemein formuliert, wenn Sie sich die Verlegenheit eingestehen, haben Sie die Möglichkeit, mit den unangenehmen Gefühlen fertig zu werden. Wenn Sie die Verlegenheit oder unangenehme Gefühle verbergen, können Sie diese vielleicht umgehen, aber Sie berauben sich der Möglichkeit, damit fertig zu werden.

Am einfachsten ist es, wenn Sie zugeben, dass Sie verlegen sind. Sie könnten zum Beispiel sagen: »Dies ist mir peinlich« oder »Dies anzusprechen ist mir genauso peinlich wie Ihnen«. Sie werden feststellen, dass es die Situation sofort entspannt, sobald Sie zugeben, dass es Ihnen peinlich ist. Wenn Sie die Peinlichkeit der Situation überwunden haben, können Sie die heikle Kritik äußern.

Zweiter Schritt: Verletzen Sie den Kritisierten nicht

Im zweiten Schritt sollten Sie die Kritik so formulieren, dass das Selbstwertgefühl des Kritisierten nicht verletzt wird. Sie wollen nicht, dass sich der Kritisierte herabgesetzt oder beschämt fühlt, da dies seine Gefühle verletzt und eine Abwehrhaltung auslöst.

Um wirksam zu verhindern, dass sich der Kritisierte herabgesetzt oder beschämt fühlt, sollten Sie das kritisierte Verhalten so ansprechen, als ob es der Kritisierte nicht weiß. Wenn der Kritisierte es nicht weiß, gibt es keinen Grund, dass es ihm peinlich ist. Selbst wenn der Kritisierte weiß, dass er Körpergeruch hat, kann er jetzt sein Gesicht wahren, indem er Ihnen dankt und sagt, dass er es nicht wusste. Die übliche Antwort lautet: »Ich werde mich sofort darum kümmern.«

Dritter Schritt: Üben Sie sachliche Kritik

Der dritte Schritt besteht darin, die Kritik auf die Arbeit zu beziehen. Damit überwinden Sie die Schwierigkeit, dass die Kritik persönlich und damit unerlaubt ist. Indem Sie dem Kritisierten zeigen, wie seine Körperpflege seine Arbeit beeinflusst, machen Sie die Kritik zu einer Frage der Leistung, nicht zu einem persönlichen Problem.

Wenn wir die drei Schritte zusammenfassen, könnte die Kritik an einer Person wegen mangelnder Körperpflege wie folgt lauten:

*Es ist mir genauso peinlich wie Ihnen, dies zu sagen.
Trotzdem möchte ich Sie auf Ihre Körperpflege aufmerksam
machen. Sie wissen wahrscheinlich nicht, dass Sie Körpergeruch
haben und daher ist es für Kunden und Kollegen schwierig,
eng mit Ihnen zusammenzuarbeiten. Ich dachte, ich sollte Ihnen
das sagen, damit Sie sich darum kümmern können.*

Wenn diese Formulierung nicht hilft, sollten Sie es vielleicht mit dem Parfüm-Trick versuchen. Verschiedene Stenotypistinnen konnten den Körpergeruch einer Kollegin
nicht mehr ertragen. Aus Furcht, die Kollegin zu verletzen,
wollte aber keine etwas sagen. Dann hatte eine von ihnen
eine Idee und sie sammelten, um einige teure Körper-
pflegemittel zu kaufen. Die Sekretärin, die die besten Beziehungen zu der Kritisierten hatte, sprach mit der betreffenden Kollegin:

*Ich werde Ihnen etwas sagen, das mir peinlich ist und Sie in
Verlegenheit bringen könnte, aber ich sage es trotzdem. Vielleicht
wissen Sie es nicht, aber Sie haben Körpergeruch. Verstehen Sie es
bitte nicht falsch. Ich wollte es Ihnen sagen, weil es ein Problem
wird. Die anderen Kolleginnen bemerken es auch. Wir mögen
Sie und wollen Ihnen zeigen, dass wir es ehrlich meinen, darum
haben wir für ein passendes Geschenk gesammelt.*

Einen Monat später berichteten die Stenotypistinnen, dass
sich die Situation gebessert hatte. Man könnte sagen, dass
die Kraft positiver Kritik dazu beigetragen hatte, dass die
Stenotypistinnen jetzt den süßen Geruch des Erfolgs rie-
chen!

Kritik an Kollegen

Sie können Ihrem Kollegen nicht sagen, was er zu tun hat oder wie er seinen Job machen soll. Und wenn Sie es tun, dann wird er erwidern: »Sagen Sie mir nicht, was ich zu tun habe. Sie sind nicht mein Chef.«

Das habe ich tausendmal gehört und dies weist überzeugend auf die Schwierigkeit hin, einen Kollegen zu kritisieren. Sie haben nicht die Kompetenzen, einem Kollegen zu sagen, was er tun soll, weil er die gleiche Stellung hat.

Diese Situation steht in deutlichem Gegensatz zur Vorgesetzten-Mitarbeiter-Beziehung, in der der Vorgesetzte die Kompetenzen hat, falls notwendig, den Mitarbeiter zu veranlassen, auf die Kritik zu reagieren (selbst wenn der Mitarbeiter nicht einverstanden ist) oder negative Konsequenzen zu tragen. Obwohl es häufig vorkommt, dass Mitarbeiter ihren Vorgesetzten widersprechen, wenn sie eine Kritik nicht für gerechtfertigt halten, müssen Mitarbeiter die Weisungen ihres Vorgesetzten einhalten – zumindest nach außen. Die unterschiedlichen Auffassungen bestehen vielleicht einige Monate oder sogar noch länger, aber die Mitarbeiter schweigen, weil die organisatorische Grundregel lautet: »Streiten Sie nicht mit Ihrem Chef. Das kann Ihnen schaden.« In den meisten Fällen gehen die Meinungsunterschiede schnell vorüber.

Im Gegensatz dazu haben Kollegen die gleichen Kompetenzen und daher ist Widerspruch gegen die Kritik von

Kollegen nicht nur erlaubt, sondern normal. Das Problem besteht in diesem Zusammenhang darin, dass sich jeder bei Meinungsverschiedenheiten immer mehr auf seine Position versteift, um zu verhindern, dass sein Selbstwertgefühl verletzt wird. Dies erschwert es, die Meinungsverschiedenheiten zu überwinden. Jeder, der nachgibt, verliert an Selbstachtung. Dies ist einer der Gründe, dass Machtkämpfe unter Kollegen so häufig sind und mit Kompromissen enden. Darum ist jede Kritik von Kollegen, die einen Streit auslösen kann, kontraproduktiv.

Außerdem kann es passieren, dass ein Kollege ärgerlich reagiert, wenn Sie ihn kritisieren, weil er die Auffassung vertritt, dass Sie Ihre Grenzen überschreiten, oder weil er glaubt, dass Sie ihn als Wettbewerber kritisieren und ihn in Verlegenheit bringen wollen.

Trotzdem vergehen kaum zwei Tage, an denen Sie nicht einen Kollegen kritisieren müssen, insbesondere bei Teamarbeit. Sie sollten Ihre Kritik so formulieren, dass sie – trotz gleicher Stellung – nicht nur erlaubt ist, sondern Ihrem Kollegen auch das Recht nimmt, Ihre Kritik mit der Begründung abzulehnen, dass Sie nicht sein Chef sind.

Kurzum, wenn Sie einen Kollegen kritisieren, müssen Sie Ihre Kritik so formulieren, dass gleichzeitig Streit vermieden und Zusammenarbeit ermöglicht wird. Im Folgenden gebe ich Ihnen einige Tipps, wie Sie Kollegen erfolgreich kritisieren können.

Beziehen Sie sich auf gemeinsame Ziele

Wenn Sie Ihre Kritik auf ein gemeinsames Ziel beziehen, verbindet das Sie und Ihren Kollegen. Damit vermitteln Sie Ihrem Kollegen sofort die Vorstellung, dass Sie sich auf etwas Gemeinsames beziehen und so vermeiden Sie die Möglichkeit eines Streits.

Aus der Sicht Ihres Kollegen bedeutet ein gemeinsames Ziel, dass Sie beide in demselben Boot sitzen und die gleiche Richtung verfolgen. Es gibt keinen Grund zu widersprechen. Der kritisierte Kollege fühlt sich nicht bedroht; anstatt sich verteidigen zu müssen, will er mit Ihnen zusammenarbeiten.

Diese Strategie lässt sich am besten mit Tipp 5 – Wählen Sie die richtigen Worte – umsetzen. In diesem Fall sollten Sie die Zusammenarbeit betonen, nicht die Konkurrenzsituation oder den Tadel. Sie könnten zum Beispiel sagen: »Wir können unseren Bericht schnell fertig stellen, wenn Sie die statistischen Daten aufbereiten, während ich den Text ausarbeite.« Dies ist wirksamer als zu sagen: »Wenn Sie die statistischen Daten nicht schneller liefern, kann ich den Bericht nicht rechtzeitig fertig stellen.« Oder: »Sie erstellen den statistischen Teil nicht schnell genug.«

Das gemeinsame Ziel zu betonen und Worte wie »wir« und »unser« zu verwenden, die andeuten, dass die Anerkennung für eine gut erledigte Arbeit geteilt wird, vermeidet das schädliche Gefühl von Konkurrenz und den Beginn eines kontraproduktiven Streits.

Genauso wichtig ist es, dass die Verwendung von Begriffen über Zusammenarbeit bei der Kritik die Wirkung hat, Zusammenhalt und Unterstützung unter Kollegen zu schaffen, weil niemand getadelt wird. Meinungsverschiedenheiten werden vermieden und die Kraft positiver Kritik kann genutzt werden.

Zeigen Sie, wie die gemeinsame Arbeitsleistung beeinflusst wird

Um einen Kollegen produktiv kritisieren zu können, ist es wichtig, ihn zu überzeugen, dass Sie nicht in sein Arbeitsgebiet eindringen. Selbst wenn Ihre Kritik konstruktiv ist, könnte der Kritisierte denken, dass Sie Ihre Nase in Dinge stecken, die Sie nichts angehen – dass Sie den Chef spielen wollen.

Ihre Strategie muss daher darin bestehen, Ihrem Kollegen zu zeigen, dass sich das kritisierte Verhalten auf Sie beide auswirkt und Sie beide profitieren, wenn das Problem gelöst wird – oder Sie beide negative Konsequenzen tragen müssen, falls nicht. Dann kann Ihr Kollege die Kritik als Angebot zur Zusammenarbeit verstehen, anstatt als Anweisung. Ihr Kollege erkennt, dass Sie sich beide darum kümmern müssen.

Diese Strategie ist besonders wirksam, wenn Sie mit einem bestimmten Kollegen häufig zusammenarbeiten. Nehmen wir zum Beispiel an, Ihr Kollege kommt zu Verkaufspräsentationen ständig zu spät und überlässt es Ihnen, allein durch Ihre Präsentation zu stolpern, ohne die relevanten Daten zu haben. Die herkömmliche Kritik würde zum Beispiel lauten: »Sie kommen immer zu spät und ich stehe dumm da.« Wirkungsvoller wäre eine Formulierung wie: »Es ist für uns beide wichtig, rechtzeitig zur Verkaufsbesprechung zu kommen. Wenn einer von uns zu spät kommt, macht das einen schlechten Eindruck und wir tragen beide die Folgen.«

Wenn Sie Ihrem Kollegen zeigen, wie sich sein Verhalten auf Sie auswirkt (und umgekehrt), dann zeigen Sie, wie Sie beide profitieren können, wenn er auf Ihre Kritik eingeht. Dies erhöht die Chancen, dass die Kritik produktiv ist, weil Sie den Einwand vorweggenommen haben, dass Sie kein Recht haben, ihn zu kritisieren. Der Hinweis, dass Sie beide profitieren, deutet an, dass Ihre Kritik nicht allein Ihrem Eigeninteresse entspringt. Daher wird Ihr Kollege wahrscheinlich positiv reagieren.

Stimmen Sie Ihrem Kollegen unter Vorbehalt zu

Dieser Strategie liegt die Tatsache zugrunde, dass Kommunikation zwischen Kollegen häufig kontraproduktiven Tadel enthält. Wie oft haben Sie gehört, dass jemand (wenn nicht Sie selbst) sagte: »Ich hätte den Bericht termingerecht fertig gestellt, aber Herr Korthals hat mir die statistischen Daten nicht rechtzeitig geliefert.« Vielleicht hat Ihr Kollege seinen Teil des Auftrags nicht termingerecht ausgeführt, aber ihm das alles in die Schuhe zu schieben, schafft nur eine destruktive Anklage-Verteidigungs-Situation. Herr Korthals wird die Kritik wahrscheinlich nicht akzeptieren, denn wenn er es tut, übernimmt er stillschweigend die Verantwortung für den Zusammenbruch des ganzen Projekts. Die einzige Möglichkeit, wie er seine Position (und sein Selbstwertgefühl) schützen kann, besteht darin, die Kritik zurückzuweisen.

Es kommt nicht so häufig vor, dass wir einer falschen Idee, Einstellung oder Verhaltensweise eines Kollegen zustimmen. Wenn Sie vorgeben, dies zu unterstützen, vermeiden Sie jede Andeutung eines Tadels und haben gleichzeitig die Möglichkeit, anschließend zum Ausdruck zu bringen, dass Sie eine andere Auffassung haben.

Eine Bibliothekarin beobachtete, dass ihre Kollegin die Bücherkarten erst am Ende des Tages an ihren Platz zurückstellte oder wenn sie ungefähr ein Dutzend gesammelt hatte, sodass sie Zeit sparen konnte, wenn sie alle zusammen zurückbrachte. Obwohl sie sich nicht als Chefin aufspielen wollte, wusste sie und wollte ihrer Kollegin mitteilen, dass ihr Chef verlangte, dass diese Karten sofort zurückgebracht werden. Sie formulierte Ihre Kritik wie folgt:

Ich habe bemerkt, dass Sie die Karten am Ende des Tages zurückstellen. Ich gebe zu, dass das leichter und genauso korrekt ist. Ich habe früher das Gleiche gemacht, bis ich gemerkt

*habe, dass sich der Chef sehr ärgert, wenn die Karten nicht
sofort zurückgebracht werden. Ich glaube, Sie sparen sich viel
Ärger, wenn Sie meinen Vorschlag berücksichtigen.*

Dies macht die Kritikerin zur Verbündeten der Kritisierten.
Wenn die Kollegin dagegen Einwände hätte vorbringen
wollen, hätte sie sich an den Vorgesetzten wenden müssen.
Das Schöne an dieser Technik ist, dass Ihnen am Ende
dafür gedankt wird, dass Sie Ihren Kollegen durch einen
taktvollen Hinweis vor den negativen Konsequenzen ge-
schützt haben.

Eine Variante dieser Technik besteht darin, nachträglich
der Position eines Kollegen zuzustimmen. Sie deuten keinen Tadel an, wenn Sie betonen, dass Sie früher die gleiche
Auffassung hatten, bis Sie diese aufgeben mussten. Sie ver-
lagern praktisch Ihre Zustimmung auf einen früheren Zeitpunkt, als Sie weniger über das Thema oder die Situation
wussten. Sie könnten zum Beispiel Formulierungen verwenden wie »So sah es für mich aus, bis …« oder »Ich habe
es früher auch so gemacht, aber …«

Holen Sie das Einverständnis des Kollegen ein

Es ist besonders wirksam, das Einverständnis eines Kollegen einzuholen, um ihn zu kritisieren. Sie könnten zum
Beispiel sagen: »Kann ich etwas mit Ihnen besprechen?«,
»Kann ich einen Vorschlag machen?«, »Haben Sie Zeit,
dass wir uns unterhalten können?« und »Kann ich Ihnen
zeigen, wie es leichter geht?«.

Diese Strategie ist bei defensiven Kollegen äußerst wirksam, weil die Zustimmung den Kollegen verpflichtet, zuzuhören, was Sie zu sagen haben. Gelegentlich wird ein
Kollege wie folgt antworten: »Nein, ich habe keine Zeit«
oder »Mich interessiert nicht, was Sie denken«. Dann

könnten Sie erwidern: »Wann hätten Sie Zeit, um die Sache zu besprechen?« oder »Es ist nur ein Gedanke, Sie brauchen mir nicht zuzustimmen, wenn Sie nicht wollen«. Wenn Sie damit keinen Erfolg haben, sollten Sie sich etwas Neues einfallen lassen.

Die Wirkung dieser Technik wird aus folgendem Grund verstärkt. Wenn Ihnen jemand erlaubt hat, eine Idee vorzutragen, dann hört er genauer zu, als wenn Sie die Idee ohne seine Zustimmung vortragen. Die bloße Tatsache, dass Sie um Erlaubnis gebeten haben, schützt nicht nur sein Selbstwertgefühl, sondern steigert es, weil Sie andeuten, dass Sie ihn respektieren.

Alle vorstehend beschriebenen Strategien haben einen gemeinsamen Nenner: Sie vermeiden eine Konkurrenzsituation, minimieren die Möglichkeiten von Meinungsverschiedenheiten und, was am wichtigsten ist, bauen kooperative Beziehungen auf. Damit können Sie die Kraft positiver Kritik leichter nutzen.

In der Schusslinie destruktiver Kritik

Was Sie überhaupt nicht gebrauchen können sind Kollegen oder ein Chef, die Sie jeden Tag unsachlich kritisieren. Dies bedeutet Stress, weil sich das ständige Sperrfeuer negativer Kritik unvermeidlich negativ auf Ihre Leistung, Ihr Selbstwertgefühl und Ihre Arbeitseinstellung auswirkt. Mitarbeiter, die täglich destruktiver Kritik ausgesetzt sind, werden häufig depressiv. Man kann sagen, wenn Sie mit einer derartigen Person zusammenarbeiten, hängt Ihre Gesundheit davon ab, dass Sie Ihre destruktiven Kritiker wirksam kritisieren.

Welche Gegenmaßnahmen funktionieren nicht? Es ist kaum eine befriedigende Lösung für dieses unangenehme Problem, wenn Sie Ihren Schreibtisch verschieben, die kritischen Bemerkungen überhören oder Ihr Missfallen zeigen. Anstatt zu versuchen, den destruktiven Kritiker zu veranlassen, seine Kritik einzustellen, sollten Sie ihn ermutigen, konstruktiv Kritik zu üben!

Die Schaufensterdekorateurin eines Einzelhandelsunternehmens berichtete von einer Kollegin, die ihre Schaufensterdekorationen ständig kritisierte. »Manchmal stimmten die Farben nicht, ein anderes Mal war das Fenster überfüllt, aber meistens lautete die Kritik: ›Es sieht mies aus.‹« Die kritisierte Schaufensterdekorateurin überlegte, wie sie ihre kritische Kollegin stoppen könnte. Als sie das nächste Mal wieder von ihrer Kollegin kritisiert wurde, fragte sie: »Wie kann ich es Ihrer Meinung nach besser machen?«

Dieses Beispiel zeigt, wie man Kritik erfolgreich auf einen Satz reduzieren kann. Was geschah daraufhin? Wenn der destruktive Kritiker Ihre Frage beantwortet, haben Sie gewonnen. Wenn seine Antwort jedoch lautet: »Ich weiß es nicht«, dann sollten Sie erklären: »Ich gebe mir die größte Mühe. Ich würde mich freuen, wenn Sie Ihre Kritik für sich behalten, bis Sie mir sagen können, wie ich es besser machen kann, weil ich schließlich Ihre konstruktive Kritik begrüße.« Sie bitten Ihren Kollegen also nicht, Sie nicht zu kritisieren, sondern Sie fordern ihn auf, seine Kritik zu ändern.

Wenn Ihr Kollege seine Kritik fortsetzt, müssen Sie direkter sein. Sie können darauf hinweisen, dass Sie konstruktive Kritik begrüßen, dass aber ständige destruktive Kritik für Ihre Arbeit nicht hilfreich ist, Sie sich nicht wohl fühlen und Sie nicht wüssten, warum er sich so destruktiv verhält. Teilen Sie ihm unmissverständlich mit, dass Sie Ihren Chef um ein Gespräch bitten und verlangen werden, dass er daran teilnimmt, wenn er sein Verhalten nicht ändert.

Selbstverständlich ist es günstiger, wenn Sie sich mit Ihrem Kollegen zusammensetzen und sich gemeinsam bemühen, die Situation zu verbessern. Dies geschieht meistens. Wenn Sie dies vorschlagen, zeigt es Ihrem Kollegen, dass Sie Wert darauf legen, eine gute Arbeitsbeziehung zu ihm zu haben. Es ist Ihnen vielleicht peinlich, sich bei Ihrem Chef zu beschweren, aber manchmal ist das unvermeidlich.

Eine Variante dieser Strategie ist besonders bei einem Chef wirksam, der fast ständig (und ausschließlich) darauf hinweist, was Sie falsch machen. Da eine Grundregel der Vorgesetzten-Mitarbeiter-Beziehung lautet, dass Sie Ihrem Chef nicht sagen können, was er zu tun hat, sollten Sie die

Initiative ergreifen. Bitten Sie Ihren Chef, sich die Zeit zu nehmen, Sie konstruktiv zu kritisieren. Teilen Sie ihm mit, auf welche Teile Ihrer Arbeit sich die Kritik beziehen sollte. Betonen Sie, dass es für Sie genauso wichtig ist zu wissen, was ihm gefällt, wie zu wissen, was seiner Meinung nach verbessert werden muss. Angenommen diese Besprechung verläuft gut (oder zumindest besser), sollten Sie am Ende des Gesprächs erwähnen, wie nützlich dieses Gespräch war, und Ihren Wunsch ausdrücken, solche Besprechungen regelmäßig durchzuführen – unabhängig davon wie selten sie stattfinden. Sie sollten auch versichern, dass Sie auf berechtigte Kritik reagieren werden. Auf diese Weise haben Sie Ihrem Chef gezeigt, wie er die Kraft positiver Kritik nutzen kann. Jeder gewinnt!

Öffentliche Kritik

Eine Oberschwester musste in einer Schwesternbesprechung eine Schwester kritisieren, wie sie einen Patienten behandelt. Der Artdirector einer Werbeagentur prüft in einer Besprechung mit dem Kunden, einem Grafiker und zwei Textern ein Layout und kritisiert den Grafiker. Ein Programmierer präsentiert seinen Kollegen ein Programm. Sie finden verschiedene Fehler und kritisieren ihn.

Dies sind Beispiele für eine der schwierigsten Situationen: in einer Besprechung öffentlich kritisiert zu werden. Dies bringt den Kritisierten im Allgemeinen in Verlegenheit. Und der Kritiker riskiert, Spannung in die Besprechung zu bringen, die andere Besprechungsteilnehmer abhält, ihre Gedanken zu äußern. Warum sollte man etwas sagen, wenn das Risiko besteht, kritisiert zu werden? Mitarbeiter betrachten Kritik in diesem Rahmen sicherlich als negative Erfahrung. Risikofreudiges Verhalten und Innovationsfreude werden erstickt.

Aber dennoch kommt es häufig vor, dass ein Einzelner öffentlich kritisiert wird. Dies ist eine besondere Stresssituation, weil es gegen die Konvention verstößt, jemanden in der Öffentlichkeit zu kritisieren. Obgleich diese Auffassung im Allgemeinen weit verbreitet ist, kommt es doch häufig vor, dass öffentlich Kritik geübt wird. Dafür gibt es zwei geeignete Strategien.

Versachlichung der Kritik

Die erste Strategie besteht darin, die Kritik zu versachlichen und nicht auf die Person zu beziehen. Der Artdirector könnte seine Kritik zum Beispiel dadurch versachlichen, dass er sagt: »Lassen Sie uns das Layout betrachten. Ich glaube, die Abbildung muss farbiger sein«, anstatt dem Grafiker zu sagen: »Das Layout ist gut. Ich glaube, Sie müssen die Abbildung farbiger machen.« Die erste Formulierung stellt das Layout in den Mittelpunkt, während die zweite den Grafiker herausgreift, der seine Aufgabe nicht zufrieden stellend gelöst hat.

Wenn Sie diese Strategie anwenden, müssen Sie auf Ihr Verhalten achten. Stellen Sie sich zum Beispiel vor, dass Sie der Artdirector sind. Dann sollten Sie das Layout auf den Tisch legen und die Besprechungsteilnehmer bitten, Platz zu nehmen. Schließlich würden Sie auf die Abbildung zeigen und Ihre Kritik äußern. Wenn Sie sich so verhalten, richten Sie die Aufmerksamkeit der Besprechungsteilnehmer auf das Layout, anstatt auf den Grafiker, der es entwickelt hat. Sie haben den Kritisierten (wie jeden anderen Besprechungsteilnehmer) zum Beobachter gemacht, anstatt zum direkt Betroffenen.

Diese Strategie wird zum Beispiel erfolgreich von einem Kommunikationstechnologie-Unternehmen angewendet. In der IT-Abteilung muss die Arbeit der Programmierer von Kollegen geprüft werden. Sie können sich vorstellen, dass im Rahmen der Überprüfung viel Kritik geübt wird. Die Firma geht wie folgt vor. Die IT-Experten sitzen an einem Tisch und jeder hat eine Kopie des Programms. Ein Moderator liest die Dokumentation vor und jeder Prüfer äußert seine Kritik. Der Moderator stellt sicher, dass sich die Kritik der Prüfer auf das IT-Programm und nicht auf den Programmierer bezieht. Der Programmentwickler ist auch anwesend, sitzt aber nicht mit am Tisch. Er hört zu und macht sich Notizen. Die Tatsache, dass er abseits sitzt, erinnert jeden daran, sich ausschließlich auf das Programm zu konzentrieren – und nicht auf den Programmierer.

Umwandlung der Einzelkritik in eine Gruppenkritik

Lassen Sie mich noch eine zweite und subtilere Form der Kritik an einem Einzelnen in einer Gruppe geben. Verwandeln Sie die Einzelkritik in eine Gruppenkritik. Lassen Sie uns annehmen, dass eine Oberschwester in einer Schwesternbesprechung die Behandlung der Patienten auf der Station durchspricht. Als der Name eines bestimmten Patienten genannt wird, möchte sie die zuständige Krankenschwester kritisieren, weil sie ihm nicht genug Zeit widmet. Tatsächlich widmet die Schwester ihren Patienten zu wenig Zeit.

Anstatt die Schwester direkt vor den anderen Schwestern zu kritisieren, was wahrscheinlich eine Abwehrhaltung auslösen würde wie zum Beispiel: »Nun, der Patient verlangt, dass ich ihn nicht belästige.« Oder: »Ich habe zu viele Patienten.« Die Oberschwester könnte zum Beispiel sagen: »Es ist wirklich wichtig, dass wir unseren Patienten genügend Zeit widmen. Darauf legen wir in diesem Krankenhaus Wert und das ist einer der Gründe, warum die Leute in dieses Krankenhaus kommen.« Eine derartige Erklärung hat folgende Vorteile. Sie teilt der betreffenden Krankenschwester mit, dass es tatsächlich wichtig ist, den Patienten genügend Zeit zu widmen, ohne dass die anderen Schwestern erfahren, dass sie diesen Anforderungen nicht entspricht. Ein weiterer Vorteil besteht darin, dass sie das gewünschte Verhalten für alle Schwestern hervorhebt. Wenn die Schwestern ihren Patienten genügend Zeit widmen, bestärkt diese Erklärung ihr Verhalten. Wenn nicht, dann profitieren sie von der Kritik.

Der Nachteil dieser Strategie besteht darin, dass die Kritisierte vielleicht nicht bemerkt, dass ihr Verhalten kritisiert wird. Wenn Sie diese Technik mit der Möglichkeit vergleichen, dass alle Schwestern erröten und in Verlegenheit gebracht werden und eine Abwehrhaltung einnehmen, dann erkennen Sie, dass die Vorteile das Risiko überwiegen.

Ähnlich ist die Situation, in der Sie zum Beispiel geschäftlich gezwungen sind, eine Gruppe von Mitarbeitern zu kritisieren wie zum Beispiel ein Projektteam oder einen ganzen Geschäftsbereich wegen schlechter Qualitätskontrolle. In diesen Situationen sollten Sie die gleichen Prinzipien anwenden. Seien Sie konkret, ermutigend und bringen Sie zum Ausdruck, dass Sie der Gruppe zutrauen, die Sache zu erledigen.

Wenn Sie eine Gruppe kritisieren, können Sie Tipp 6 anwenden und eine Metapher verwenden. Die Metapher bietet nicht nur die Möglichkeit, die Kritik mitzuteilen, sondern fördert auch den Zusammenhalt in der Gruppe, was deren Ergebnisse verbessert.

Ein berühmter Basketballtrainer kritisierte seine Mannschaft erfolgreich. Sie zankten und tadelten sich ständig wegen der verlorenen Spiele. Er kritisierte sie so:

Sie wissen, ein Basketballteam ist wie eine Hand. [Während der Kritik hielt er seine Hand hoch.] Sehen Sie… jede Hand hat fünf Finger. Jeder Finger kann tun, was er will. Aber die Hand hat nur einen Sinn, wenn die Finger zusammenarbeiten. Wenn die Finger zusammenarbeiten, haben Sie Kraft. Aber wenn der Zeigefinger den Daumen ignoriert, dann ist die Hand nichts. Selbst wenn die Finger stark sind, haben kleinere Hände einen stärkeren Griff…, weil die Finger zusammenarbeiten müssen, um eine Hand zu werden.

Denken Sie daran, dass nicht jeder eine Gruppe mit einer Metapher kritisieren kann. Es erfordert in der Regel sehr gute Kommunikationsfähigkeiten und Motivation, da die Gruppenmitglieder an die Metapher glauben müssen, um sie auf ihre konkrete Situation zu beziehen.

Wenn Sie eine Gruppe kritisieren, besteht eine andere Taktik darin, die Kritik in einer Weise zu äußern, die die Gruppenmitglieder zwingt, die Problemlösung selbst zu finden. Anstatt zu sagen: »Sie haben die Sache selbst vermasselt«, »Die Produktqualität der Abteilung ist hundsmiserabel«, »Sie sollten sich alle mehr Mühe geben, oder Sie werden alle entlassen«, könnten Sie sagen: »Hören Sie zu. Die Produktqualität Ihrer Abteilung hat sich verschlechtert. Was kann Ihrer Meinung nach getan werden, um sie zu verbessern?«

Dies ist eine Anwendung von Tipp 11, das heißt stellen Sie die richtigen Fragen. Dies wirkt nicht nur auf die Gruppenmitglieder, weil sie in der Regel nicht nur eine sinnvolle Lösung finden, sondern weil dadurch der Zusammenhalt steigt. Jeder Einzelne wird in den Problemlösungsprozess einbezogen. Das Team wird neu belebt und bemüht sich, den Anlass für die Kritik zu überwinden.

Lassen Sie uns jetzt die Fronten wechseln. Was ist, wenn Sie in einer Gruppenbesprechung kritisiert werden. Wie sollten Sie am besten reagieren. Sicherlich wissen Sie, dass Sie eine Abwehrhaltung vermeiden sollten, selbst wenn Sie zu Unrecht kritisiert werden. Wenden Sie Tipp 20 an, das heißt bleiben Sie ruhig, gelassen und gefasst. Dann können Sie überlegen, wie Sie sich am besten verhalten. Sie könnten ruhig sitzen und sich Notizen über das machen, was vorgetragen wird, den Kritiker ausdrücklich bitten, konkreter zu sein, ihn fragen, wie man die Situation verbessern kann oder schnell zugeben, dass die Kritik berechtigt ist, und den Kritiker auffordern, weiterzugehen.

Wenn Sie den Eindruck haben, dass Ihr Kritiker zu sehr in Einzelheiten geht, sollten Sie darauf hinweisen, dass die anderen in der Gruppe vielleicht nicht an dieser Diskussion interessiert sind und die Angelegenheit später unter vier Augen weiter diskutiert werden könnte. Wenn er dennoch darauf besteht, danken Sie dem Kritiker einfach vor den anderen, dass er versucht habe, die Kraft positiver Kritik zu nutzen.

Ausflüchte und Entschuldigungen

Es kann ziemlich frustrierend sein, jemanden zu kritisieren, der laufend Ausflüchte macht und sich ständig entschuldigt. Jedes Mal wenn Sie ihn kritisieren, antwortet er mit einer Entschuldigung, um die Situation zu erklären. Manchmal lautet sie einfach: »Das ist nicht mein Fehler.« Manchmal ist sie etwas raffinierter: »Mann! Herr Müller hat die Daten nicht rechtzeitig geliefert, darum konnte ich den Bericht erst mit Verspätung vorlegen.« Oder sie ist ausführlicher: »Nun, ich habe vor ungefähr drei Wochen mit dem Handelsvertreter gesprochen und nahm an, dass er zurückruft. Als ich nichts von ihm gehört habe, ...« Das Ergebnis ist in jedem Fall das Gleiche: Der Kritisierte lehnt Ihre Kritik ab und rechtfertigt sein Verhalten. Die Ausrede »Ich weiß, dass der Bericht am Donnerstag fertig sein sollte, aber Herr Schmidt gab mir einen anderen Auftrag« bedeutet in Wirklichkeit »Es wurde nicht erwartet, dass der Bericht am Donnerstag fertig ist, weil mir Herr Schmidt einen anderen Auftrag gab«. Anders ausgedrückt, der Kritisierte weist einfach darauf hin, dass er für die Ergebnisse nicht verantwortlich ist und Ihre Beurteilung der Situation daher für ungerecht hält.

Es hängt zwar vom Einzelfall ab, warum sich jemand entschuldigt, aber es gibt zwei Haupttheorien, um die Gründe für Entschuldigungen zu erklären. Die eine besagt, dass sich der Entschuldigende unsicher fühlt. Er fühlt sich als Versager, wenn er zugibt, dass er verantwortlich ist. Mit Ausflüchten und Entschuldigungen will er verhindern, dass sein Selbstwertgefühl verletzt wird. Die andere Theorie besagt, dass der Kritisierte die Erfahrung gemacht hat, mit Ausflüchten und Entschuldigungen die Verantwortung für sein Verhalten abstreiten zu können.

Unabhängig davon, welche Theorie zutrifft, sollten Sie dem Kritisierten keine Gelegenheit geben, sich zu entschuldigen. Damit zwingen Sie ihn, seine Arbeit realistisch zu betrachten und seine Leistung oder sein Verhalten zu ändern. Es gibt folgende Möglichkeiten, um dies zu erreichen:

- Verzögerungstaktik,
- Toleranz gegenüber Fehlern,
- Kombinationstaktik.

Verzögerungstaktik

Die erste Methode wird daraus abgeleitet, die *Entschuldigungen als Abwehrverhalten* zu betrachten, das eine gewisse Zeit lang erfolgreich angewendet wurde. Wenn dies der Fall ist, löst das erste Anzeichen von Kritik eine Entschuldigung aus. Der Kritisierte wird Sie schnell unterbrechen und fast automatisch sagen: »Ja, aber…« Daher müssen Sie seine Abwehrhaltung durchbrechen.

Dies können Sie erreichen, indem Sie laut sprechen und ihn bitten, einige Tage über Ihre Ausführungen nachzudenken, bevor er überhaupt reagieren kann. Dies bedeutet psychologisch, dass er infolge Verzögerung der Reaktion die Kritik genauer beurteilen und seine Verantwortung für die Situation erkennen kann.

Ihre Formulierung könnte zum Beispiel lauten: »Hören Sie, Ich werde Ihnen etwas sagen, aber ich möchte nicht, dass Sie jetzt antworten. Denken Sie einige Tage darüber nach und dann werden wir die Angelegenheit Ende der Woche besprechen.«

Als Chef können Sie diese Technik erfolgreich anwenden. Sie können Ihrem Mitarbeiter die Weisung erteilen, später zu reagieren, sodass er sorgfältig darüber nachdenken kann, was Sie sagen. Weil Sie der Chef sind, wird er kaum Widerstand leisten. Wenn er es tut, sollten Sie schnell die Hände heben und wiederholen, dass Sie die Angelegenheit erst dann mit ihm besprechen werden, wenn er einige Tage darüber nachgedacht hat. Diese Botschaft wird er verstehen. Sie müssen diese Methode vielleicht mehrere Male anwenden, aber nach einiger Zeit werden Sie feststellen, dass der Kritisierte weniger Ausflüchte sucht. Er lernt, die Kritik anzunehmen. Die Aufforderung, seine Reaktion um einige Tage zu verschieben, steigert nicht nur seine Aufmerksamkeit, sondern macht ihn auch erfolgreicher in seinem Job. Er lernt, auf Kritik konstruktiv zu reagieren.

Als Mitarbeiter fühlen Sie sich im Gegensatz dazu vielleicht etwas unbehaglich, Ihrem Chef oder Kollegen zu sagen, er solle erst einige Tage nachdenken, bevor er reagiert. Das Gleiche gilt für die Kritik an Kunden, weil sie unabhängig sind oder für Ihre Dienste bezahlen. Sie glauben in der Regel, dass sie das Recht haben, sofort auf Ihre Bemerkungen zu reagieren. Deshalb sollten Sie diese Technik bei Ihrem Chef oder bei Kunden vorsichtig anwenden. Berücksichtigen Sie auch, je besser die Arbeitsbeziehungen sind, desto wahrscheinlicher ist es, dass die Kritisierten später reagieren und damit erhöht sich die Wahrscheinlichkeit, dass sie die Kritik nicht ablehnen.

Toleranz gegenüber Fehlern

Die zweite Methode beruht auf der Theorie, dass *Unsicherheit die Ursache der Entschuldigungen* ist. Dies bestimmt Ihre Strategie. Sie sollten einfach zugeben, dass es erlaubt ist, Fehler zu machen, und Sie nicht erwarten, dass der Kritisierte perfekt ist.

Diese Strategie überzeugt den Kritisierten, sich nicht bei jeder Kritik mit Ausflüchten und Entschuldigungen aus der Verantwortung stehlen zu müssen. Sie können in diesem Zusammenhang auch darauf hinweisen, dass Fehler eine Gelegenheit darstellen, um etwas besser zu machen. Wenn Sie dieses Vorgehen anwenden, erteilen Sie die Erlaubnis, Fehler zu machen, was paradoxerweise eine wichtige Komponente ist, das Vertrauen des Kritisierten zu schaffen, um mit neuen Situationen fertig zu werden und neue, herausfordernde Aufgaben zu übernehmen.

Kombinationstaktik

Die dritte Methode geht überhaupt nicht darauf ein, warum der Kritisierte Ausflüchte macht und Entschuldigungen vorbringt. Der Betreffende wird einfach direkt kritisiert und es wird ihm vorgehalten, dass er ständig Entschuldigungen vorbringt. Dieses Vorgehen kann mit der oben erwähnten Verzögerungstaktik verbunden werden:

Hören Sie zu, ich möchte Ihnen etwas sagen und ich will nicht, dass Sie jetzt antworten… Ich möchte, dass Sie darüber nachdenken. Wenn ich Sie kritisiere, haben Sie meistens Gründe dafür, warum etwas schief ging. Aber ich kann mich nicht erinnern – vielleicht können Sie es –, dass Sie einmal die Verantwortung übernommen oder zugegeben haben, dass Sie einen Fehler gemacht haben. Darum ist es für mich schwierig, Ihnen zu helfen, sich zu

entwickeln. Dazu gehört nämlich, dass man Fehler zugibt. Ich
glaube auch, dass es Sie davon abhält, Ihre eigenen Stärken
richtig zu beurteilen. Antworten Sie jetzt nicht. Denken Sie da-
rüber nach und wir können in einigen Tagen darüber sprechen.

Hier werden mehrere Punkte angesprochen. Erstens weist
der Chef darauf hin, dass einige Entschuldigungen des Mitarbeiters berechtigt waren. Wenn Sie das unterlassen, würde
das den Kritisierten sicherlich veranlassen, Beispiele berech-
tigter Entschuldigungen zu zitieren und so Ihre ganze Kritik
in Misskredit bringen. Gleichzeitig erklärt er, er könne sich
nicht erinnern, dass der Mitarbeiter jemals Verantwortung
für einen Fehler übernommen hätte, und fordert den Mitarbeiter auf, einen Fall zu nennen. So lässt sich elegant andeuten, dass der Mitarbeiter »immer« Ausflüchte sucht – ohne
es tatsächlich auszusprechen, weil das in der Regel eine
Abwehrhaltung auslöst. Drittens verlässt sich der Vorgesetzte nicht zu stark auf den Mitarbeiter. Er deutet vielmehr an,
dass er dem Mitarbeiter zutraut, sich zu entwickeln – aber
nur, wenn er die Verantwortung für seine Arbeit übernimmt.
Dies bringt den Mitarbeiter in Verlegenheit: Seine Leistung
oder sein Verhalten kann er nur verbessern, wenn er zugibt,
dass er für seine Ergebnisse verantwortlich ist.

Wenn der Kritisierte zugibt, dass er einen Fehler gemacht
hat, dann sollten Sie ihm diesen nicht vorwerfen. Das wäre
so, als ob Sie ein fünf Jahre altes Kind dafür bestrafen, dass
es Ihnen die Wahrheit gesagt hat. (Nach einer Bestrafung
können Sie davon ausgehen, dass es beim nächsten Mal
lügen wird.) Stattdessen sollten Sie ausdrücklich erklären,
wie sehr Sie es schätzen, dass er die Verantwortung übernommen hat. Dann sollten Sie schnell dazu übergehen, mit
ihm zu besprechen, wie die Situation verbessert werden
kann. Damit signalisieren Sie dem Kritisierten, dass er die
Kraft positiver Kritik nutzt, wenn er die Verantwortung für
seine Ergebnisse übernimmt.

Kritik an Kunden

Mussten Sie jemals Ihren besten Kunden kritisieren? Die meisten tun das sehr ungern, weil sie befürchten, dass ihre Kritik den Kunden verärgert und veranlasst, woanders zu kaufen. Mit anderen Worten, sie fürchten, den Kunden zu verlieren.

Vielleicht lautet das Credo Ihres Unternehmens »Der Kunde hat immer Recht«, doch wir wissen, dass dies nicht uneingeschränkt stimmt und Sie Ihre Kunden mitunter kritisieren müssen, wenn Sie Ihren Job richtig machen wollen.

Die beste Strategie besteht darin, die Kritik so zu formulieren, dass sie Ihren Wunsch widerspiegelt, das zu liefern, was jeder Kunde wünscht – besseren Service. Bei diesem Vorgehen löst die Kritik keine Verärgerung aus, sondern vermittelt dem Kunden den Eindruck, dass es in seinem eigenen Interesse liegt, sein Verhalten zu ändern, weil er dann einen besseren Service erhält.

Ich habe dieses Verhalten zum Beispiel auf einem größeren Flughafen beobachtet, als eine Mitarbeiterin am Schalter für Flugtickets einen arroganten Kunden bediente. Ich hörte, wie sie zu ihm sagte: »Wenn Sie sich beruhigen und meine Fragen beantworten, kann ich mich sofort um Ihr Anliegen kümmern, sonst verpassen Sie noch Ihr Flugzeug!« Der Fluggast rang um Fassung. Dann gab er ihr die erforderlichen Informationen, erhielt sein Flugticket und dankte der Mitarbeiterin. Stellen Sie sich die Konsequenzen vor, wenn die Mitarbeiterin den Fluggast verärgert oder abwehrend bedient hätte.

Diese *Strategie des »besseren Service«* kann auch im Rahmen langfristiger Beziehungen angewendet werden, wenn der Kunde sich zum Beispiel ständig so verhält, dass es sich negativ auf Ihre Arbeit auswirkt. Der Juniorpartner einer der sechs großen internationalen Wirtschaftsprüfungsgesellschaften hatte einmal einen Klienten, der seine Steuerunterlagen ständig mit Verspätung lieferte. Daher musste der Wirtschaftsprüfer beim Finanzamt immer wieder Fristverlängerung beantragen, was seinen Vorgesetzten missfiel. Obwohl es sich um einen wichtigen Klienten handelte, kritisierte ihn der Wirtschaftsprüfer schließlich mit den Worten: »Wenn Sie mir Ihre Steuerunterlagen dieses Jahr früher zur Verfügung stellen, kann ich die Steuererklärung gründlicher bearbeiten und dazu beitragen, dass Sie mehr Geld sparen. Außerdem brauche ich keine Fristverlängerung zu beantragen und das mindert das Risiko einer Betriebsprüfung.« Daraufhin veranlasste der Klient, dass die Unterlagen dem Steuerberater von diesem Zeitpunkt an rechtzeitig geliefert wurden. Der Vorgesetzte des Wirtschaftsprüfers erachtete aufgrund dieses Vorgangs diesen als so qualifiziert, dass er zum Partner der Wirtschaftsprüfungsgesellschaft befördert werden sollte.

Dies ist eine gute Gelegenheit, zwei Punkte zu wiederholen: Eine Kritik kann ganz unterschiedlich formuliert werden und wenn die Kritik nicht wirkt, können Sie den Anreiz ändern.

Ein anderer Wirtschaftsprüfer der gleichen Wirtschaftsprüfungsgesellschaft erzählte mir, dass er einen Klienten habe, der nicht nur seine Steuerunterlagen spät lieferte, sondern ein richtiger Chaot war. Nachdem er vergeblich versucht hatte, den Klienten mit der Aussicht auf Steuerersparnis und Vermeidung einer Betriebsprüfung (Strategien, die sein Kollege angewendet hatte) zu motivieren, wählte er ein anderes Vorgehen. Da er den Klienten seit Jahren kannte, wusste er, dass der ganze Stolz des Klienten seine zehnjährige Tochter war. Daher kritisierte er seinen Klienten wie folgt: »Oh, Sie werden ein Problem haben, wenn Ihre Tochter so chaotisch wird wie Sie.« Der Steuerberater erzählte mir, dass sich sein Klient sofort änderte und seine Unterlagen pünktlich lieferte.

Manchmal ist es unvermeidlich, einen Kunden zu kritisieren, selbst wenn die Kritik nicht so geäußert werden kann, dass sie die Voraussetzung für besseren Service ist, und das Risiko besteht, den Kunden zu verärgern oder zu verlieren.

In einem Seminar berichtete eine Flugbegleiterin, dass ein Fluggast einmal so aufdringlich mit ihr flirtete, dass es die anderen Passagiere bereits bemerkten und es allgemein als störend empfunden wurde. Sie sagte so laut, dass es die anderen hören konnten: »Gehen Sie bitte nicht zu weit.« Sie erzählte uns: »Für den Rest der Reise war er ein perfekter Gentleman.« In diesem Fall war die Kritik der Flugbegleiterin berechtigt. Sie beendete nicht nur ein störendes Verhalten, sondern teilte damit auch den anderen Fluggästen mit, dass sie im Dienst war – eine Bemerkung, die die anderen Passagiere gern hörten.

Es kann jedoch auch vorkommen, dass Sie einen Kunden kritisieren müssen, weil sein Verhalten inakzeptabel ist, und Sie bereit sind, auf sein Geschäft zu verzichten, wenn er sein Verhalten nicht ändert. Der Leiter eines Computershops berichtete über eine derartige Erfahrung:

Ein Kunde rief in unserem Geschäft an und beschwerte sich über seinen Drucker. Unser Kundendienst versuchte, am Telefon zu helfen, aber er sagte immer wieder, er könne die Kundendienstmitarbeiter nicht verstehen – beide Kundendiensttechniker waren Koreaner. Er wurde sehr beleidigend und dann wurde

159

das Gespräch zu mir durchgestellt. *Auch ich versuchte, ihm telefonisch zu helfen und sagte ihm, was er tun solle – aber vergeblich. Er verlangte, dass ein Kundendiensttechniker bei ihm vorbeischauen solle. Weil er ganz in der Nähe unseres Geschäfts wohnte, besuchte ich ihn selbst. Mit diesem unfreundlichen Kunden wollte ich persönlich sprechen.*

Ich reparierte den Drucker – es musste übrigens nur das Farbband gewechselt werden. Als mein Kundendienst ihn am Telefon aufgefordert hatte, die Abdeckung des Druckers abzunehmen, verstand es der Kunde akustisch nicht. Als er mich fragte, was der Besuch koste, sagte ich ihm, dass mein Besuch kostenlos sei und ich ihn besucht hätte, um mit ihm zu sprechen. Ich sagte ihm: »Mein Kundendienst arbeitet genauso wie meine anderen Mitarbeiter hervorragend. Die beiden Mitarbeiter, mit denen Sie gesprochen haben, sind Koreaner und sie machen sehr gute Arbeit. Sie geben sich beide größte Mühe, möglichst schnell Englisch zu lernen. Die meisten Kunden können sie verstehen. Ich möchte Ihnen sagen, dass meine Mitarbeiter für mich sehr wichtig sind, und wenn Sie sie nicht respektvoll behandeln, dann möchte ich Sie bitten, woanders zu kaufen.« Darauf entschuldigte sich der Kunde und gab zu, dass sein Verhalten unangemessen war. Er sagte sogar, er würde die beiden Kundendienstmitarbeiter anrufen und sich entschuldigen. Ich sagte ihm, das sei nicht nötig. Ich wolle ihm nur sagen, dass meine Mitarbeiter für mich sehr wichtig seien und ich erwarte, dass Kunden sie respektvoll behandeln. Zwei Tage später kam der Kunde in unseren Laden und entschuldigte sich bei den beiden Koreanern. Und das Schönste war, er blieb unser Kunde.

Der Leiter des Computershops erkannte, dass es notwendig war, den Kunden zu kritisieren und das Risiko einzugehen, ihn zu verlieren. Er beurteilte die Situation als sehr wichtig und kam daher zu dem Ergebnis, dass es – für den Fall, dass der Kunde seine Mitarbeiter weiterhin unhöflich behandelt – besser wäre, den Kunden zu verlieren als von seinen Mitarbeitern zu verlangen, dieses Verhalten zu tolerieren. Durch seine Kritik am Kunden (und bevor er den Kundendienstbesuch machte, sagte er seinen Mitarbeitern, dass er den Kunden kritisieren werde) zeigte er seinen Mitarbeitern, dass der Kunde nicht so wichtig sei, die Mitarbeiter beschimpfen zu können. Er benutzte die Kritik am Kunden als Mittel, um die Bindung der Mitarbeiter an das Geschäft zu verstärken und ihr Selbstwertgefühl zu schützen. Und es gelang ihm auch, das Verhalten des Kunden zu ändern. Dieser Manager nutzte zweifellos die Kraft positiver Kritik.

Negative Einstellung –
»Das ist keine gute Idee«,
»Das funktioniert nicht«,
»Das interessiert keinen«.

Es ist sehr unangenehm, mit einem Kollegen zusammenzuarbeiten, der andauernd eine negative Einstellung zeigt – in
der Regel in der Form ständiger Beschwerden oder Bemerkungen, die Arbeitskollegen entmutigen und demotivieren.
Der Manager eines Arzneimittelherstellers beschrieb seine
Erfahrungen mit einem derartigen Mitarbeiter so:

*Zunächst fällt die negative Einstellung des Betreffenden nicht
auf, weil seine Beschwerden begründet sind. Aber nach einiger
Zeit bemerken Sie seine negative Grundeinstellung, weil seine
Bemerkungen über normale Beschwerden hinausgehen. Der
Betreffende macht ständig negative Bemerkungen – über
Projekte, das Unternehmen, andere Abteilungen und sogar über
Kunden. Und viele Bemerkungen haben eigentlich mit der Arbeit
nichts zu tun. Sprachen wir über einen Betriebsausflug, dann
sagte der Mitarbeiter: »Es wird bestimmt regnen.« Wenn wir für
unseren Geschäftsbereich eine Fußballmannschaft zusammen-
stellen würden, dann würde er sicherlich sagen: »Es will
bestimmt keiner mitspielen.« Nach einiger Zeit wollen Sie mit
dem Mitarbeiter am liebsten nichts mehr zu tun haben und
nicht mehr mit ihm zusammenarbeiten. Müssen Sie trotzdem*

mit ihm zusammenarbeiten, fühlen Sie sich entmutigt, demotiviert und machtlos. Wenn Sie mit ihm zusammen sind, fühlen Sie sich jedes Mal unwohl. Wenn das Team sich für eine Aufgabe begeistert, weist Herr »Negativ« darauf hin: »Das wird nie funktionieren, weil es viel zu schwierig ist.« Egal was andere sagen, er lehnt es ab.

Ich habe festgestellt, dass die negative Einstellung eines Mitarbeiters die Motivation eines Teams gefährden kann. Noch gefährlicher ist, dass die Teammitglieder allmählich angesteckt werden können und auch eine negative Einstellung zeigen. Die anderen Mitarbeiter fangen an, sich zu beschweren, sie werden zynisch und sind weniger motiviert. Die Leistung des ganzen Teams sinkt. Es ist wie eine Krankheit oder Epidemie – jeder Mitarbeiter zeigt negative Symptome. Es ist erstaunlich. Ein Mitarbeiter steckte alle anderen mit seiner negativen Einstellung an. Und ich muss gestehen, wenn ich länger mit dem betreffenden Mitarbeiter zusammen bin, fühle ich mich auch unwohl.

Der Manager hat Recht. Die negative Einstellung eines Mitarbeiters kann sich auf andere Mitarbeiter übertragen. Dies erschwert die Zusammenarbeit mit dem betreffenden Mitarbeiter. Darunter leidet die Arbeit, deshalb muss ein derartiges Verhalten kritisiert werden. Wenn man berücksichtigt, wie viele Mitarbeiter damit beschäftigt sind, anderen Kollegen zu erzählen: »Das wird nicht funktionieren«, »Das interessiert keinen«, »Das habe ich schon versucht«, »Das schaffen Sie nie« und andere Bemerkungen zu machen, die eine negative Einstellung vermitteln, dann wird deutlich, dass dieses Verhalten kritisiert werden muss.

Wie soll man einen Mitarbeiter kritisieren, der eine negative Einstellung hat und ständig nörgelt? Ich empfehle folgendes Vorgehen:

- Erster Schritt: Immunisierung gegen negative Einstellung
- Zweiter Schritt: Kritik an dem betreffenden Mitarbeiter

- Dritter Schritt: Stärkung des Selbstwertgefühls des Kritisierten

Erster Schritt:
Immunisierung gegen negative Einstellung

Zunächst müssen Sie sich dagegen immun machen, sich von der negativen Einstellung anstecken zu lassen. Nehmen Sie die Erfahrungen des oben erwähnten Managers wörtlich: Es besteht die Gefahr, dass man sich von der negativen Einstellung eines Mitarbeiters anstecken lässt.

Psychologen haben nachgewiesen, dass Gefühle – wie zum Beispiel Zorn, Furcht, Angst, Depression, Begeisterung – ansteckend wirken und sich auf andere Personen übertragen. Sie wandern wie ein Virus buchstäblich von einem zum anderen. Es würde zu weit führen, diesen Prozess im Einzelnen zu erklären. Es genügt, darauf hinzuweisen, dass Gefühle durch den Tonfall, den Gesichtsausdruck und Gesten übertragen werden. Wenn wir mit anderen zusammen sind, ahmen wir häufig unbewusst ihr Verhalten, ihre Tonlage und ihren Gesichtsausdruck nach. Bestimmt haben Sie schon einmal zurückgelächelt, wenn Sie ein Fremder angelächelt hat. Ein anderes Beispiel ist, dass man automatisch lauter spricht, wenn man angeschrien wird. Oder denken Sie an eine Mitarbeiterbesprechung, die mit ein oder zwei Beschwerden begann und dann als Meckerecke endete.

Wenn Sie häufig mit einem Kollegen zusammenarbeiten, der eine negative Einstellung hat, werden Sie allmählich angesteckt. Sie denken bald wie er (»Das wird nicht funktionieren«), fühlen so wie er und Ihre Leistung sinkt genauso wie seine.

Um sich gegen die negative Einstellung von Kollegen immun zu machen, müssen Sie zunächst einmal überlegen, wie Ihre Gespräche mit dem betreffenden Kollegen ablaufen. Sie sollten auch überdenken, welche Arbeitseinstellung Sie haben. Diese Überlegungen machen Ihnen bewusst, dass die negative Einstellung nicht Ihr Problem, sondern ausschließlich das Problem des betreffenden Kollegen ist.

Sie erkennen zum Beispiel, dass Sie eine bestimmte Aufgabe positiv beurteilen, während Ihr Kollege nichts von der Aufgabe hält. Wenn Sie genau wissen, wie Sie über die Aufgabe denken, können Sie vermeiden, zu stark durch negative Bemerkungen Ihres Kollegen beeinflusst zu werden. Indem Sie sich den Ablauf des Gesprächs mit Ihrem Kollegen vorstellen, können Sie eine Strategie entwickeln, wie Sie am besten mit dem kritischen Kollegen fertig werden können. Wenn Sie sich nicht darauf einstellen, dass Sie mit negativen Argumenten bombardiert werden, sind Sie ihnen schutzlos ausgeliefert und lassen sich anstecken.

Es hilft auch, wenn Sie sich sagen: »Aufgrund seiner negativen Einstellung brauche ich mich nicht entmutigen zu lassen.« »Ohne Rücksicht darauf wie negativ er die Aufgabe beurteilt, ich sehe sie positiv.« Dies macht Sie gegen die negative Einstellung immun und zeigt Ihnen, wie Sie am besten reagieren sollten. Diese Überlegungen verhindern, dass Sie sich von der negativen Einstellung Ihres Kollegen anstecken lassen und das negative Verhalten unbewusst annehmen. (Wenn einer Ihrer Kollegen eine negative Einstellung hat, könnte es zweckmäßig sein, dass Sie Ihre diesbezüglichen Überlegungen schriftlich festhalten. Diese Notizen sollten Sie immer griffbereit haben.)

Zweiter Schritt:
Kritik an dem betreffenden Mitarbeiter

Wenn Sie sich gegen die negative Einstellung Ihres Kollegen immun gemacht haben, können Sie den zweiten Schritt machen und ihn kritisieren. Dies kann schwierig sein, weil der Kollege mit der negativen Einstellung nicht direkt mit Ihnen spricht. Seine negativen Bemerkungen beziehen sich praktisch auf alles Mögliche. Wenn Sie ihn daher direkt kritisieren, wird er ihre Kritik als Bestätigung betrachten: »Alle lehnen meine Vorschläge ab, auch Sie.«

Die Schwierigkeiten sind jedoch nicht unüberwindlich, wenn Sie mit Ihrer Kritik das richtige Ziel verfolgen. Hierbei geht es darum, dem Betreffenden bewusst zu machen, dass er alles negativ betrachtet und das dies nicht gut für ihn ist. Dies veranlasst den Kritisierten häufig, negative Bemerkungen zurückzuhalten.

Da der Betreffende Sie nicht direkt kritisiert, besteht Ihr bester Zug darin, die Kritik zu äußern, wenn Sie ihn gelegentlich treffen, statt ihn zu einer förmlichen Besprechung einzuladen. Auf diese Weise können Sie die Kritik unauffälliger als Beobachtung anstatt als offizielle Kritik formulieren. So könnten Sie zum Beispiel nach einer Besprechung, in der sich Ihr Team wieder von der negativen Einstellung des Betreffenden anstecken ließ, sagen:

Herr Müller, auf ein Wort. Ich habe den Eindruck, dass Sie sich mit Ihrem Verhalten in Mitarbeiterbesprechungen keinen Gefallen tun. Vielleicht ist Ihnen nicht bewusst, dass Ihre Kollegen Ihre Reaktionen als negative Einstellung interpretieren. Ich bin sicher, dass Sie Ihre Vorstellungen auch anders ausdrücken können, sodass man auf Ihre berechtigten Überlegungen eingehen kann.

Diese Kritik betont, dass die negative Einstellung für die Leistung des Kritisierten schädlich ist; sie macht ihn jedoch nicht für die Gefühle und das Verhalten anderer verantwortlich (»Ihre negative Einstellung steckt andere an«). Sie verletzt sein Selbstwertgefühl nicht, weil sie die Möglichkeit andeutet, dass er sich seiner negativen Einstellung vielleicht nicht bewusst ist. Darüber hinaus zielt sie auf eine Verbesserung, weil die Auffassung geäußert wird, könne der Kritisierte sich auch anders verhalten.

Es wäre naiv, zu glauben, dass jeder mit einer negativen Einstellung auf eine derartige oder ähnliche Kritik konstruktiv reagiert. Wenn der Kritisierte nicht konstruktiv reagiert, könnten Sie die *Methode der Selbstkritik* anwenden. Dafür müssen Sie die Kritik so formulieren, dass der Kritisierte sich selbst fragt, wie er sich verhält und warum. Hier sind einige Beispiele:

- »Ich weiß nicht, warum Sie in Mitarbeiterbesprechungen negative Bemerkungen machen, wenn Sie wissen, dass das kontraproduktiv ist.«
- »Vielleicht sollten Sie einmal darüber nachdenken, warum Sie immer Bemerkungen machen, die andere befremden und Sie in Schwierigkeiten bringen.«
- »Wenn ich daran denke, dass nach Ihrer Meinung alles so schlecht ist, dann überrascht es mich, dass Sie unbedingt hier arbeiten wollen.«

Diese Kritik hat eine starke Wirkung, sie veranlasst den Kritisierten, sofort über sein Verhalten und seine Motive nachzudenken. Manchmal, aber selten, kommt der Kritisierte zu der Schlussfolgerung, dass er sein Verhalten ändern sollte und sagt: »Sie haben Recht. Ich werde mein Verhalten ändern.« Meistens bringt die Kritik den Kritisierten in Verlegenheit. Er muss sich eingestehen, dass er nicht kündigen will und kontraproduktiv handelt. Da der Kritisierte weder seinen Arbeitsplatz aufgeben möchte, noch die Situation verschlimmern will, bemüht er sich, seine Situation zu verbessern. Im Allgemeinen denkt er über die Situation nach und kommt zu dem Ergebnis, dass sie nicht so schlecht ist, und ändert sein negatives Verhalten.

Dritter Schritt:
Stärkung des Selbstwertgefühls des Kritisierten

Im dritten Schritt geht es darum, das Selbstwertgefühl des Kritisierten zu fördern und zu erreichen, dass er positiv denkt und handelt.

Mitarbeiter mit einer negativen Einstellung haben im Allgemeinen einen Minderwertigkeitskomplex. Ihre negative Einstellung spiegelt ihr geringes Selbstwertgefühl wider, daher müssen Sie ihr Selbstwertgefühl fördern. Dann werden diese Mitarbeiter nicht nur ihre negativen Bemerkungen unterlassen, sondern beginnen, positive Bemerkungen zu machen und positiv zu denken.

Um das Selbstwertgefühl eines Mitarbeiters zu fördern, sollten Sie dem Betreffenden bei der täglichen Arbeit vermitteln, dass er wichtig ist. Zeigen Sie ihm, dass seine Ideen für Sie wichtig sind. Sie können ihn zum Beispiel bitten, Vorschläge zu machen und darzustellen, wo es Schwierigkeiten gibt und wie sich diese Schwierigkeiten lösen lassen. Loben Sie ihn, wenn er positive Bemerkungen macht. Fragen Sie, was er denkt. Falls möglich, ermuntern Sie ihn, Verantwortung für wichtige Aufgaben zu übernehmen.

Dieses Verhalten bringt zum Ausdruck, dass Sie dem Betreffenden wirklich helfen wollen, seine Einstellung und sein Verhalten zu ändern. Zweifellos strapaziert das Ihre Geduld, aber das Ergebnis belohnt Sie für Ihre Bemühungen. Da sich der Kritisierte in einen Mitarbeiter mit einer positiven Einstellung verwandelt, können Sie produktiver mit ihm zusammenarbeiten. Alle profitieren von Ihren Bemühungen. Wenn Sie beobachten, dass der Mitarbeiter, der früher eine negative Einstellung hatte, plötzlich die Kraft positiver Kritik nutzt, dann haben Sie Ihr Ziel erreicht.

Wenn Sie der Sündenbock sind – unberechtigte Kritik

Die meisten Mitarbeiter werden ärgerlich, wenn sie von ihrem Vorgesetzten für etwas kritisiert werden, das ihre Mitarbeiter oder Kollegen getan haben. Wir betrachten eine Kritik als ungerecht, in der wir für das Verhalten anderer verantwortlich gemacht werden. Außerdem glauben wir, dass unser Chef die Situation überhaupt nicht versteht, wenn er den Falschen kritisiert.

Wenn dies auch richtig ist, so wäre es doch ein großer Fehler, wenn Sie Ihrem Chef sagen würden, seine Beurteilung sei falsch, weil Ihre Mitarbeiter den Fehler gemacht hätten. Es hilft nicht, anderen die Schuld zu geben und Ausflüchte zu suchen; die meisten Vorgesetzten lehnen dieses Verhalten ab. Und was noch wichtiger ist, nach der Organisationsstruktur sind Sie letztlich für die Leistung Ihrer Mitarbeiter verantwortlich. Wenn Sie Mitarbeitern die Schuld geben, zeigt das Ihrem Chef nur, dass Sie Ihre Mitarbeiter nicht erfolgreich führen können.

Es ist besser, wenn Sie die Rolle des Sündenbocks übernehmen. Stimmen Sie Ihrem Vorgesetzten zu und übernehmen Sie die Verantwortung. Was besprochen werden muss, ist keine Angelegenheit zwischen Ihnen und Ihrem Chef, sondern zwischen Ihnen und Ihren Mitarbeitern.

Betrachten Sie die Kritik durch Ihren Chef einfach als Information, dass eine bestimmte Arbeit nicht ordnungsgemäß erledigt wurde. Dann können Sie mit Ihren Mitarbeitern die Kritik Ihres Vorgesetzten analysieren und die Kraft positiver Kritik nutzen, um sie zu motivieren, dass sich derartige Vorfälle nicht wiederholen.

Wenn Kollegen beteiligt sind, sind zwei Situationen denkbar. Entweder tragen Sie die Verantwortung gemeinsam oder Sie sind allein verantwortlich. Im ersten Fall sollten Sie ihrem Chef sagen, dass Sie ihm zustimmen und angemessen reagieren werden. Dann sollten Sie vorschlagen, dass er auch Ihre Kollegen kritisiert. Dies ist eine gute Möglichkeit, dafür zu sorgen, dass Ihre Kollegen auch kritisiert werden, ohne sie zu verpfeifen. Nebenbei können Sie Ihre Kollegen ansprechen und mitteilen, dass Sie kritisiert wurden, sowie gemeinsam überlegen, wie diese Kritik in Zukunft vermieden werden kann. Dies funktioniert in der Regel.

Der Bezirksleiter eines großen Lebensmittel-Einzelhandelsunternehmens wurde vom Regional-Vertriebsleiter kritisiert und gab die Kritik an seine Kollegen weiter:

Was ich noch sagen wollte, unser Regional-Vertriebsleiter ist sehr enttäuscht, dass wir die Ware nicht schnell genug in die Läden bekommen. Er sagte, wir seien alle verantwortlich, und forderte, dass wir die Tourenplanung überprüfen und feststellen, wie schnell unsere Lieferanten liefern können. Ich halte das für eine gute Idee und lasse meine Tourenplanung schon überprüfen. Vielleicht wollen Sie das auch tun.

Beachten Sie, dass der Bezirksleiter bei der Übermittlung der Kritik einfach die Informationen weitergab und kooperativ Worte wie »wir«, »unser« und »uns« verwendete. Er vermied es, seinen Kollegen zu sagen, was sie tun sollten (schließlich war es nicht seine Kritik), sondern erwähnte nur, wie er persönlich reagiert.

Die zweite Situation, in der an Ihrer Stelle Kollegen zu kritisieren sind, ist schwieriger. Sie müssen die Situation selbst einschätzen, vielleicht ist es am besten, wenn Sie die Kritik akzeptieren und versprechen, darauf zu reagieren. Jede andere Reaktion könnte so verstanden werden, als ob Sie die Kritik zurückweisen oder versuchen, die Schuld auf Kollegen zu schieben. Obwohl Sie den Kopf für etwas hinhalten, das Sie nicht getan haben, zeigen Sie Ihrem Chef auch, dass Sie Verantwortung übernehmen können. Vielleicht kritisiert Ihr Chef auch andere unschuldige Kollegen. Vielleicht denkt er auch, dass Sie schuldig sind, weil Sie Mitglied des Teams sind. Wenn diese Kritik jedoch für Sie nicht akzeptabel ist, dann sollten Sie Ihren Chef auffordern, konkreter zu werden: »Worauf stützen Sie Ihre Auffassung?« »Ich weiß nicht, warum ich dafür verantwortlich sein soll« oder »Wollen Sie damit sagen, dass ich dafür verantwortlich bin?« Bemerkungen wie diese veranlassen Ihren Chef, zu klären, welche Rolle Sie in der Situation spielen, und vielleicht erkennt er, dass er Sie ungerecht beurteilt hat.

Wie immer Sie sich auch entscheiden, Sie sollten Ihren Chef auffordern, die anderen zu kritisieren. Auf diese Weise können Sie sicherstellen, dass Ihre Kollegen ebenfalls in den Genuss der Kraft positiver Kritik kommen.

Kritik an Freunden

Freundschaften am Arbeitsplatz können ein zweifelhaftes Vergnügen sein. Es ist zwar angenehm, mit jemandem zusammenzuarbeiten, den man sympathisch findet und mit dem nach Geschäftsschluss verkehren kann, aber häufig kühlt die Beziehung ab, wenn man den Betreffenden bei der Arbeit kritisieren muss. Einer meiner Seminarteilnehmer beschrieb seine Erfahrungen wie folgt:

>*»Klaus, wenn du den Bericht noch einmal durchgehst, solltest du die Abbildungen ändern. Sie müssen unbedingt überarbeitet werden. Wo hast du denn deine Augen gehabt, als du sie erstellt hast?«*
>
>*»Auf keinen Fall, denn sie sind in Ordnung. Was geht dich das überhaupt an? Dein letzter Bericht war ja auch nicht berühmt und trotzdem habe ich nichts gesagt!«*
>
>*»Das ist nicht wahr. Mein Bericht war in Ordnung.«*
>
>*»Das glaubst auch nur du, er hätte meines Erachtens viel besser sein können. Aber das Wichtigste ist, ich sage dir nicht, was du tun sollst. Von dir als Freund erwarte ich das Gleiche!«*

Meistens ist es sehr heikel, einen Kollegen zu kritisieren, mit dem man befreundet ist, weil Kritik die Freundschaft belastet oder zerstört. Wenn Ihr Arbeitskollege mit Ihnen befreundet ist, erwartet er, dass Sie ihn anders behandeln oder ihn gewähren lassen, selbst wenn Sie der Vorgesetzte sind. Wenn Sie ihn nicht kritisieren, kann dies vielleicht Ihre Freundschaft erhalten, aber gleichzeitig behindert oder schmälert es Ihre Arbeitsleistung.

Häufig wird daher die Auffassung vertreten, dass man keine Freundschaften mit Arbeitskollegen schließen sollte. Aber wenn man berücksichtigt, dass wir mindestens ein Drittel unserer Zeit am Arbeitsplatz verbringen, geht dieser Vorschlag sehr weit. Es ist nicht nur normal, sich mit Arbeitskollegen anzufreunden, sondern viele Menschen hoffen sogar, dass sie mit Arbeitskollegen freundschaftlich verkehren können.

Sie können vermeiden, Freunde am Arbeitsplatz kritisieren zu müssen, indem Sie diese sorgfältig auswählen. Bei der Auswahl von Freunden achten manche besonders darauf, wo sie in der Unternehmenshierarchie stehen und was sie für Sie tun können. Aber ich habe die Erfahrung gemacht, dass viele in solchen Fällen ungern Kritik üben, weil sie befürchten, den anderen zu verletzen und den Kontakt zu verlieren. Sie handeln gegen bessere Einsicht. Im Übrigen bilden diese Auswahlkriterien kaum die Grundlage für eine Freundschaft. Wer Freundschaft von der beruflichen Stellung und Beziehungen abhängig macht, gilt in der Regel nicht als seriös und vertrauenswürdig – zwei Eigenschaften, die eher Feinde schaffen als Freunde.

Da es praktisch unvermeidlich ist, unter Umständen mit Arbeitskollegen befreundet zu sein, und da diese eventuell kritisiert werden müssen, empfehle ich folgendes Vorgehen für die Kritik an befreundeten Arbeitskollegen:

1. Da Gedanken das Verhalten beeinflussen, sollten Sie Ihre Einstellung zu Freunden am Arbeitsplatz klären. Sind Sie der Auffassung, dass Freunde und Arbeit nicht zusammenpassen, dann sollten Sie Ihre Freunde woanders suchen, da Sie damit rechnen, dass Sie sich selbst Probleme

176

schaffen. Wenn Sie glauben, dass Sie mit den Schwierigkeiten fertig werden, die Freunde am Arbeitsplatz verursachen können und Ihnen Freundschaft wichtiger ist als die Probleme, die sie verursachen kann, dann steht es Ihnen frei, so viele Freundschaften zu schließen wie möglich, ohne Rücksicht auf die berufliche Stellung der Freunde.

2. Wenn Sie einen Freund kritisieren müssen, sollten Sie die Freundschaft nutzen, um zwanglos Kritik zu üben, anstatt sich vom Kritisieren abhalten zu lassen. Ihre Kritik könnten Sie zum Beispiel wie folgt beginnen: »Eine der angenehmen Seiten einer Freundschaft besteht darin, dass man offen und ehrlich kommunizieren kann, selbst wenn es um Kritik geht.« Sie könnten auch hinzufügen, dass Sie kein guter Freund wären, wenn Sie Ihrem Freund nicht helfen würden, seine Arbeit besser zu erledigen. Obgleich dies ein bisschen übertrieben klingt, sollten Sie daran denken, dass es der entscheidende Punkt ist. Sie müssen Ihre Formulierung genau auf die konkrete Situation abstimmen.

Ein Makler berichtete, dass er einen engen Freund, mit dem er zusammenarbeitete, wegen seiner Kleidung wie folgt kritisierte: »Sind wir Freunde? Soll ich Dir die Wahrheit sagen oder Komplimente machen?«

Dieses Kritikverhalten ist aus zwei Gründen sehr wirksam. Erstens wirkt die Kritik ansprechend. Der Kritisierte kann kaum etwas dagegen einwenden, dass Sie ihm etwas Nützliches sagen – selbst wenn die Informationen am Anfang unangenehm sind. Zweitens muss der Kritisierte anerkennen, dass Sie ihn kritisieren, weil Sie sich um ihn Sorgen machen. Dies baut seine Abwehrhaltung ab und erlaubt ihm, Ihre Kritik genauer zu beurteilen. Wenn Ihr Freund den Besserwisser spielt und sagt: »Ich ziehe die Komplimente vor«, dann sollten Sie überschwänglich loben, welchen tollen Job er macht. Er wird den Sinn Ihrer Ausführungen dann schon richtig verstehen.

Wenn Sie mit Arbeitskollegen befreundet sind, kann das nicht nur Ihre Arbeit angenehmer machen, sondern auch Ihren Erfolg steigern – insbesondere wenn Sie und Ihre befreundeten Kollegen die Kraft positiver Kritik nutzen.

Kritik unerlaubten Verhaltens

Verhalten oder Vorgänge zu beobachten, die gegen die eigene Berufsauffassung oder Moral verstoßen, ist eine der unangenehmsten Erfahrungen im Beruf. Hier sind einige entsprechende Beispiele:

- Ein Bankkassierer beobachtet, wie ein Kreditsachbearbeiter es mit den Kreditvorschriften nicht so genau nimmt und dafür sorgt, dass sein Freund einen Kredit erhält.
- Ein Außendienstmitarbeiter wird Zeuge, wie ein Kollege seine Spesenabrechnung falsch ausfüllt.
- Ein Elektriker hört, wie sein Chef einem Kunden ein teures Kabel empfiehlt, obgleich ein billigeres für den Zweck genauso gut geeignet wäre.
- Ein Mitarbeiter hört, wie der Vorstandsvorsitzende seiner Firma die Geschäftsentwicklung lobt, um den Börsenkurs zu stützen, obgleich das Geschäft schlecht läuft.
- Eine Krankenschwester hört, wie ein Arzt eine Operation aus finanziellen, anstatt aus medizinischen Gründen vorschlägt.

Diese Situationen lösen oft Ärger aus, weil das Verhalten einer anderen Person mit Ihren Vorstellungen von Recht und Unrecht unvereinbar ist. Sie beobachten, wie jemand vorsätzlich etwas tut, was offenkundig nicht erlaubt ist. Ihre Entrüstung kann Sie mobilisieren, ein unerlaubtes

Verhalten – in den vorstehend beschriebenen Fällen sogar ein gesetzwidriges Verhalten – zu kritisieren.

Hier handelt es sich um komplizierte Situationen, wenn Sie berücksichtigen, dass das Verhalten der Beteiligten unterschiedliche Moralvorstellungen widerspiegelt. Was eine Person als unerlaubt bezeichnet, kann für einen anderen völlig in Ordnung sein. Diese Beurteilungen werden traditionell als persönliche Angelegenheiten betrachtet und entziehen sich damit der Kritik. Nach dieser Auffassung versuchen Sie mit Ihrer Kritik, anderen Ihre Moralvorstellungen aufzuzwingen. Wenn Sie tatsächlich Kritik üben (manchmal dauert es eine Weile, bis Ihr Ärger Sie veranlasst, zu handeln), lautet die Reaktion entweder: »Kümmern Sie sich um Ihre eigenen Angelegenheiten« oder »Sie machen das, was Sie für richtig halten, und ich mache das Gleiche«.

Wenn Sie als Vorgesetzter einen Mitarbeiter wegen unerlaubten Verhaltens kritisieren, liegt ein anderer Sachverhalt vor. In dem Fall können Sie Ihre Autorität nutzen, falls es erforderlich ist, um zu verhindern, dass das unerlaubte Verhalten wiederholt wird. Was ist, wenn Sie nicht Vorgesetzter sind? Und wie sollten Sie sich verhalten, wenn Ihr Chef oder ein höherer Vorgesetzter Ihrer Meinung nach unerlaubt handelt? Es gibt drei Möglichkeiten.

Nichts tun: Die erste Möglichkeit besteht darin, nichts zu tun. Sicherlich werden Sie wütend. Vielleicht sprechen Sie mit Ihren Freunden oder einigen Kollegen darüber, aber letztlich sagen Sie nichts. Sie akzeptieren die Situation einfach und denken vielleicht: »Nun, so ist es eben. Es geht mich nichts an.« Sie erkennen, dass Sie andere Moralvorstellungen haben als die anderen Beteiligten. Obwohl Sie sich vielleicht gar nicht geäußert haben, können Sie aus einer derartigen Situation lernen. Sie erhalten vielleicht wertvolle Informationen, wie sich der Betreffende möglicherweise in Zukunft geschäftlich verhält.

Kündigung des Arbeitsverhältnisses: Die zweite Möglichkeit besteht darin zu kündigen. Wenn Sie die Situation nicht ertragen können, können Sie jederzeit kündigen. Ob Sie diese Option wählen können, hängt selbstverständlich davon ab, ob Sie den Job benötigen, ob Sie einen neuen Job finden können und ob sich andere Probleme daraus ergeben.

Kritik: Die dritte Möglichkeit besteht darin, die betreffende Person wegen ihres unerlaubten Verhaltens zu kritisieren. In diesem Fall liegt der Nachteil nicht darin, dass man Ihnen sagen wird, Sie vertreten eine abweichende Meinung, sondern dass Sie im ungünstigsten Fall entlassen werden. Im Lauf der Jahre habe ich häufig gehört, dass unerwünschte Kritiker ihren Arbeitsplatz verloren haben. Aber meistens sagten die Entlassenen: »Ich kümmerte mich nicht darum, ob ich entlassen werde oder nicht. Ich wusste nur, dass ich meine Selbstachtung verliere, wenn ich nichts sage.« Dies veranschaulicht einen wichtigen Aspekt in Bezug auf die Kritik eines unerlaubten Verhaltens. Sie sollten das tun, was Sie für erforderlich halten. Dann müssen Sie aber bereit sein, die Konsequenzen Ihrer Entscheidung zu tragen. Es kann durchaus sein, dass Sie aufgrund Ihrer positiven Kritik Ihren Job verlieren.

Gerüchte – indirekte Kritik

Der Außendienstmitarbeiter eines Computerherstellers erfuhr von einem anderen Außendienstmitarbeiter, dieser habe gehört, dass seine Leistung unterdurchschnittlich sei. Als der Betreffende fragte, wer das gesagt habe, antwortete sein Kollege: »Ich kann mich nicht erinnern. Ich habe es vor einigen Tagen gehört.« Ein Laborant in einem Krankenhaus machte eine ähnliche Erfahrung. Ein Kollege hatte »versprochen, nicht zu sagen, wer ihm das mitgeteilt habe«. Sowohl der kritisierte Außendienstmitarbeiter als auch der Laborant berichteten, es habe sie sehr beunruhigt, dass man hinter ihrem Rücken schlecht über sie sprach, und sie seien sehr wütend gewesen, dass sie nicht erfuhren, wer das gesagt hatte.

Solche Situationen kommen im Beruf sehr häufig vor, weil es ungefährlicher ist, jemanden hinter seinem Rücken zu kritisieren. Häufig ist diese Kritik auch stärker als jede Kritik, die man dem Betreffenden je selbst sagen würde. Es ist weniger peinlich, den Chef zu kritisieren, wenn man mit einem Mitarbeiter spricht, oder einen Kunden zu kritisieren, wenn man mit einem Kollegen spricht. Manchmal tun wir das, um unsere Wut abzureagieren, und manchmal tun wir es vorsätzlich, weil wir hoffen, dass es der Kritisierte erfährt. Die Urheber von Gerüchten wollen in der Regel nicht erkannt werden. Während es für den Urheber ziemlich ungefährlich ist, wirkt es sich für den Kritisierten verheerend aus.

Der Urheber des Gerüchts ändert den Charakter der Kritik, weil er keine Verantwortung für seine Kritik übernimmt. Die Kritik ist keine direkte Interaktion mehr, sondern stattdessen haben Sie es mit einem Gesprächspartner zu tun, der Ihre Fragen nicht beantworten kann und die Kritik vielleicht nicht genau wiedergibt. Aus diesen Gründen löst indirekte Kritik Zorn und ein Gefühl der Hilflosigkeit aus, die den Kritisierten in der Regel veranlasst, eine Abwehrhaltung einzunehmen. (Kritik per E-Mail oder einen anonymen Brief stellt sich insofern anders dar, weil Sie eventuell die Möglichkeit haben, den Urheber der Kritik festzustellen und ihm direkt zu antworten.)

Wenn Sie das Opfer indirekter Kritik sind, können Sie sich wie folgt verhalten:

1. Anstatt eine Abwehrhaltung einzunehmen, sollten Sie die Situation genau analysieren. Zunächst sollten Sie die *Glaubwürdigkeit des Übermittlers* überprüfen. Ist er wirklich vertrauenswürdig? Haben Sie Grund, an seinen Worten zu zweifeln? Danken Sie ihm für die Information und bringen Sie zum Ausdruck, dass Sie es schätzen, wenn er die Informationen vertraulich behandelt und nicht an andere weitergibt. (Da Sie weder beeinflussen noch kontrollieren können, ob er die Informationen an andere weitergibt, ist es die beste Taktik, ihn zu bitten, die Informationen vertraulich zu behandeln.)

2. Wenn der Übermittler die *Quelle des Gerüchts* nicht preisgeben will, sollten Sie ihn auffordern, den Urheber zu bitten, direkt mit Ihnen zu sprechen.

3. Gehen Sie zu Ihrem *Vorgesetzten* und erklären Sie ihm, dass Sie Kritik über sich gehört haben. Fragen Sie ihn um Rat, wie Sie den Urheber der Kritik finden können. Dieser Schritt ist ein bisschen schwierig, weil Sie sich bei Ihrem Chef nicht belasten wollen, indem Sie ihm mitteilen, das Sie etwas getan haben, das andere negativ beurteilen.

Daher müssen Sie in diesem Zusammenhang berücksichtigen, welches Verhältnis Sie zu Ihrem Vorgesetzten haben. Wenn Sie damit rechnen, dass er Sie unterstützen wird, sollten Sie diesen Schritt wagen. Wenn nicht, dann sollten Sie vorsichtig sein.

4. Am wichtigsten ist zu beurteilen, ob die *Kritik begründet* ist. Wenn das zutrifft, sollten Sie den Urheber der Kritik vergessen und die Angelegenheit regeln. So können Sie die Kraft positiver Kritik nutzen.

Wie können Sie nun indirekte Kritik zu Ihrem Vorteil nutzen? Wenn Sie zum Beispiel glauben, dass Ihre Kritik von dem Kritisierten nicht gut aufgenommen wird, dann könnte es zweckmäßig sein, die Kritik einem Mittelsmann vorzutragen, von dem Sie annehmen, dass er dem Kritisierten diese Kritik mitteilen wird. Es könnte auch sein, dass Sie kaum Zugang zu dem Kritisierten haben, sodass Sie jemanden benötigen, der die Informationen weiterleiten kann. Unabhängig davon, in welcher Situation Sie sich befinden, müssen Sie dem Mittelsmann mitteilen, dass Sie volle Verantwortung für die Kritik übernehmen und, falls der Kritisierte fragt, gern bereit sind, die Angelegenheit direkt mit dem Kritisierten zu besprechen.

Leider wird diese Empfehlung, Verantwortung für die Kritik zu übernehmen, in Unternehmen kaum berücksichtigt. Ein entsprechendes Beispiel ist die 360°-Beurteilung, die in zunehmendem Maße eingesetzt wird und in der Informationen über eine Person von verschiedenen Mitarbeitern – Mitarbeiter, Kollegen, Vorgesetzter, Kunden – gesammelt und dem Einzelnen dann durch einen Moderator mitgeteilt werden.

Obgleich es immer zweckmäßig ist, mehrere Informationsquellen für eine Beurteilung zu haben (es verbessert die Zuverlässigkeit der Beurteilung), besteht das Problem einer 360°-Beurteilung häufig darin, dass sie zur Abgabe unzutreffender Informationen ermuntert, weil niemand die Verantwortung für seine Kritik übernehmen muss. Die Identität der Teilnehmer bleibt anonym, daher können sie sagen, was sie wollen, ohne unangenehme Konsequenzen befürchten zu müssen. So werden tatsächlich unzutreffende Informationen weitergegeben. Dies ist ein Problem, weil es für eine konstruktive Kommunikation in einer Beziehung oder einem Unternehmen entscheidend ist, dass Leute Verantwortung für ihre Gedanken und Gefühle übernehmen.

Bei Psychologiestudenten einer amerikanischen Universität wurde die 360°-Beurteilung in abgewandelter Form durchgeführt. Die Examensarbeiten der Studenten wurden von allen Professoren benotet. Jeder Prüfer gab seine Beurteilung an den Studentenberater weiter, der sie den Studenten mitteilte. Den Studenten wurden die Einzelnoten mitgeteilt und sie konnten jeden Prüfer wegen der Beurteilung ansprechen. Dieser Prozess förderte eine verantwortungsvolle Kommunikation, weil jeder Prüfer die Verantwortung für seine Beurteilung übernahm und die einzelnen Beurteilungen offen gelegt wurden. Die Universität berichtete, dass sie mit diesem Prüfungsverfahren gute Erfahrungen gemacht hat.

Letztlich wollen Sie indirekte Kritik abbauen und erreichen, dass die Kritik offen, konstruktiv und direkt geübt wird. Wenn Sie Verantwortung für das übernehmen, was Sie sagen, und Ihre Vorgesetzten, Kollegen und Mitarbeiter ermuntern, Sie direkt zu kritisieren, trägt dies dazu bei, dieses Ziel zu erreichen.

Kritik an früheren Kollegen

Es ist fast unvermeidlich. Sie oder ein Kollege, mit dem Sie lange Zeit zusammengearbeitet haben, wird befördert. Im Allgemeinen ist dies eine schwierige Situation, weil die Beförderung die Beziehungen zu früheren Kollegen, die jetzt Mitarbeiter sind, verändert. Mit der Beförderung erhält der neue Vorgesetzte eine größere Verantwortung und entsprechende Kompetenzen. Und er hat das Recht und die Pflicht, seine Mitarbeiter im Rahmen der Leistungsbeurteilung einzustufen und gegebenenfalls ihre Leistungen häufiger zu kritisieren. Dies ist eine große Veränderung, die frühere Kollegen in der Regel nicht schätzen.

Wenn ein früherer Arbeitskollege jetzt Ihr Chef ist, werden Sie öfter von jemandem kritisiert, der Ihnen früher kaum gesagt hat, was er von Ihrer Arbeit hält. Sie sind vielleicht überrascht und bestürzt, weil Sie nun feststellen, wie er Sie wirklich beurteilt. Als Kollegen haben Sie sich vielleicht gegenseitig konstruktiv kritisiert. Als Chef ist er vielleicht für Ihre Kritik nicht mehr so offen, wie Sie dachten.

Es gibt auch noch andere Möglichkeiten, aber man muss erkennen, dass diese veränderte Beziehung für viele Leute eine schwierige Situation ist, mit der sie schlecht umgehen können. Ihre Strategie hängt selbstverständlich davon ab, ob Sie in der veränderten Beziehung der Chef oder der Mitarbeiter sind.

Wenn Ihr Kollege Ihr Vorgesetzter wird, sollten Sie Ihr Verhalten nicht ändern. Sie haben bereits einen bestimmten Umgangsstil entwickelt und es gibt keinen Grund, diesen Umgangsstil zu ändern, weil Ihr früherer Kollege jetzt Ihr Vorgesetzter ist. Wenn Sie bemerken, dass er sich Ihnen gegenüber jetzt anders verhält, dass er machtbewusster ist, dann sollten Sie lernen, wie Sie Ihren Chef kritisieren können. Suchen Sie keine Konfrontation und sagen Sie ihm nicht, wie er sich verändert hat, weil er Ihre Bemerkungen sicherlich auf Neid zurückführen wird, selbst wenn sie zutreffend sind.

Die gleiche Strategie ist anzuwenden, wenn Sie befördert werden. War Ihr Stil, Ihren Kollegen zu kritisieren, wirksam, sollten Sie ihn beibehalten. Gab es jedoch Konflikte oder Meinungsverschiedenheiten, dann haben Sie jetzt die Macht, die gewünschten Ergebnisse sicherzustellen, anstatt sich mit dem Stillstand zufrieden zu geben, der häufig das Ergebnis von Kritik unter Kollegen ist. Neu ernannte Vorgesetzte machen am häufigsten den Fehler, ihre Mitarbeiter zu zwingen, sich zu ändern, einfach weil sie jetzt der Chef sind. Mit anderen Worten, sie missbrauchen ihre Macht.

Meinungsverschiedenheiten lassen sich leichter beilegen, wenn Sie Ihrem früheren Kollegen erklären, dass Sie seine Auffassungen respektieren, aber dass Sie jetzt für die Ergebnisse verantwortlich sind. Daher müssen Sie die Entscheidung treffen, die Ihrer Meinung nach die beste ist. Auf diese Weise betonen Sie an Stelle Ihrer Macht Ihre Verantwortung.

Diese Strategie wurde vom Drehbuchschreiber einer Fernsehserie erfolgreich angewendet. Nachdem er zweieinhalb Jahre als Drehbuchautor gearbeitet hatte, wurde er zum Produzenten befördert. Damit erhielt er mehr Kompetenzen und unter anderem war er jetzt auch für die Genehmigung von Drehbüchern verantwortlich. Als einer seiner früheren Kollegen den Entwurf für das Drehbuch der folgenden Woche beendete, führte der Produzent wichtige Änderungen durch, die dem Drehbuchautor nicht gefielen. Sie hatten zusammen bei der Fernsehshow begonnen und der kritisierte Autor war wahrscheinlich neidisch und ärgerlich, dass er nicht befördert worden war. Der Produzent beschrieb das Gespräch mit dem Drehbuchautor wie folgt:

AUTOR   Ich habe mir die Änderungen angesehen, die Sie im Drehbuch vorgenommen haben. Ich verstehe das nicht. Was soll das eigentlich? Sie sind jetzt der Produzent einer Fernsehshow mit hoher Zuschauerbeteiligung und wollen das Drehbuch kontrollieren?

PRODUZENT   Heißt das, Ihnen gefallen die Änderungen nicht? Und im Übrigen sollte Ihnen aufgefallen sein, dass ich nicht behauptet habe, dass dies endgültige Änderungen sind, sondern ich habe Sie gebeten, darüber nachzudenken und zu überlegen, was Sie damit anfangen können. Unser Ziel ist es, das beste Drehbuch zu bekommen.

AUTOR   Ja, ich weiß. Aber dennoch, was soll das? Heißt das, ich muss jetzt alles von Ihnen genehmigen lassen, nachdem Sie Produzent geworden sind? Vor allem, zahlreiche Zeilen, die Sie eingefügt haben, sind meines Erachtens hundsmiserabel, um ehrlich zu sein.

PRODUZENT   Gut. Unterstreichen Sie diese Zeilen bitte, damit ich darüber nachdenken kann. Ich möchte in diesem Zusammenhang einiges klarstellen. Erstens bedeutet die Tatsache, dass ich befördert wurde, nicht, dass ich Ihnen sage, was Sie tun sollen. Ich habe immer nur

PRODUZENT   Ihre Arbeit kritisiert und Sie meine Ideen auch. Das ändert sich nicht. Geändert haben sich meine Kompetenzen, sodass ich bei den Entscheidungsträgern einen größeren Einfluss habe. Vielleicht können wir die Qualität der Show so verbessern, dass sie tatsächlich Maßstäbe setzt. Wir arbeiten seit zweieinhalb Jahren zusammen und ich weiß, dass Sie einer der Besten in der Branche sind. Ich werde meine Macht dafür einsetzen, dass Sie die besten Drehbücher schreiben können, damit Sie die Anerkennung und das Honorar bekommen, die Sie verdienen. Wenn Sie das stört, dann kann ich es nicht ändern. Ich habe die Verantwortung für die Qualität der Drehbücher. Und ich erwarte, dass Sie genauso wie in der Vergangenheit offen für meine Kritik sind, und ich erwarte, dass Sie meine Arbeit weiterhin kritisieren, sei es meine Arbeit an den Drehbüchern oder meine Tätigkeit als Produzent.

AUTOR   Schon gut, in Ordnung. Vielleicht können Sie dafür sorgen, dass ich auch befördert werde, wenn Sie meinen, dass ich so gut bin. Nun, können wir jetzt das Drehbuch durchgehen?

Dieses Gespräch verlief positiv, weil der Produzent vier Aspekte ansprach. Erstens stellte er für den Kritisierten klar, welche Ziele er mit der Kritik verfolgt: das beste Drehbuch zu bekommen. Damit blieb die Kritik sachlich, weil der Produzent sich auf das Drehbuch bezog, anstatt auf das Problem, dass er jetzt Kritik übt, weil er befördert wurde.

Zweitens blieb der Produzent ruhig, als der Drehbuchautor die Auseinandersetzung suchte (»Zahlreiche Zeilen, die Sie eingefügt haben, sind meines Erachtens hundsmiserabel«). Konstruktiv verwandelte er die scharfe Kritik in eine positive Gelegenheit, den Drehbuchautor zu ermutigen, detaillierte Anmerkungen über die betreffenden Zeilen zu machen, sodass er es sich das noch einmal ansehen könne. Durch diese Reaktion wurde verhindert, dass die Situation in einem destruktiven Streit endet, den keiner gewinnen konnte.

Drittens bezog er sich geschickt auf die Qualitäten des Drehbuchautors, die ihre Beziehung in der Vergangenheit so erfolgreich gemacht hatten – insbesondere weil sie sich gegenseitig konstruktiv kritisiert hatten – und bemerkte, dass er dies fortsetzen wolle. Auf diese Weise teilte er dem Drehbuchautor mit, dass er alle seine Drehbücher kritisieren werde, und wies gleichzeitig darauf hin, dies bereits seit zweieinhalb Jahren zu tun, und es daher nichts damit zu tun habe, dass er zum Produzenten befördert worden war.

Zum Abschluss definierte der Produzent seine Verantwortung und stellte sie strategisch in den Kontext, wie sie dem Drehbuchautor durch höheres Einkommen und mehr Anerkennung nützen könne.

Obgleich diese Besprechung wahrscheinlich nicht die Verärgerung und den Neid des Drehbuchautors abbauen konnte, klärte sie die Situation und schaffte die Voraussetzungen für eine konstruktive Arbeitsbeziehung. Einige Monate später bemerkte der neue Produzent tatsächlich, dass die Fernsehshow kreativer geworden war und der Drehbuchautor Höchstleistungen brachte. Nach einem weiteren Monat wurde der Vertrag des Drehbuchautors erneuert – mit höherer Bezahlung und einem neuen Titel: Koproduzent der Fernsehshow.

Manche Leute üben tatsächlich häufiger Kritik, wenn sie befördert werden. Oft liegt die Begründung darin, dass der Beförderte glaubt, er habe nun das *Recht* zu kritisieren.

Dies ist sicherlich eine positive Wirkung der Beförderung, weil sich der Betreffende jetzt wohler dabei fühlt, seine Gedanken zu äußern. Wenn Sie der Kritisierte sind, sollten Sie zunächst einmal zuhören, anstatt sich einfach auf die neue Machtposition zu beziehen. Dann erfahren Sie vielleicht die Kraft positiver Kritik.

Profil des positiven Kritikers

Ein positiver Kritiker – ob Kritiker oder Kritisierter – nutzt ständig die Kraft positiver Kritik. Wie lässt sich sein Profil beschreiben? Aufgrund meiner langjährigen Erfahrungen in der psychologischen Forschung, in psychologischen Kliniken, in der Beratung und im Training habe ich festgestellt, dass der positive Kritiker fünf Eigenschaften hat.

1. *Menschenkenntnis*

Der positive Kritiker verfügt über *Menschenkenntnis* und kennt die *Bedeutung der Kritik*. Er bemüht sich, seine Menschenkenntnis zu erweitern, um das Leben besser meistern zu können. Weil Selbsterkenntnis für ihn wichtig ist, ist er offen für Kritik – eine der Hauptaufgaben der Kritik besteht schließlich darin, etwas über sich selbst zu erfahren.

Aufgrund seiner Menschenkenntnis kann er sich in die Rolle seiner Partner versetzen und ihre Motive, Gefühle und ihr Verhalten verstehen. Daher kann er – häufig spontan – Kritik wirksam formulieren.

Der positive Kritiker kennt die Bedeutung der Kritik für die Erreichung persönlicher Ziele und von Unternehmenszielen. Für ihn ist Kritik die wichtigste Quelle zur Verbesserung der Selbsterkenntnis und zur Erweiterung seiner Menschenkenntnis.

2. *Wunsch nach Verbesserung*

Der positive Kritiker vertritt die Auffassung, dass Menschen den natürlichen Wunsch haben, sich zu verbessern und zu entwickeln. Er geht davon aus, dass sich Menschen nicht nur ändern können, sondern auch ihr Bestes geben wollen. Aus dieser Lebensphilosophie leitet er die Auffassung ab, nach der Kritik ein Instrument ist, um Menschen zu helfen, ihr Bestes zu geben.

3. *Eigenverantwortung*

Der positive Kritiker handelt eigenverantwortlich. Er erkennt das Prinzip an, dass Individuen für ihre Taten verantwortlich sind, und handelt danach. Was die Kritik anbelangt, so weiß er, dass es seine Entscheidung ist, wie er auf Kritik reagiert oder wie er andere kritisiert. Er weiß, dass er nicht gezwungen ist, eine Abwehrhaltung einzunehmen, wenn er kritisiert wird, oder andere herabzusetzen, wenn er diese kritisiert. Er übernimmt die Verantwortung dafür, wie er mit Kritik umgeht.

4. *Initiative für Veränderungen*

Die Übernahme der Verantwortung für seine Taten ist ein Katalysator dafür, dass er aktiv versucht, Dinge zu verbessern. Für sich selbst sucht er aktiv Kritik von anderen und weiß, dass diese Kritik seine Selbsterkenntnis erweitert und ihm hilft, erfolgreicher zu werden. Sein Verhalten entspricht der Einstellung: »Sagen Sie mir bitte, wie ich besser handeln kann. Ich möchte wissen, was Sie denken.«

Er versucht auch, anderen aktiv zu helfen, ihre Leistung zu steigern. Er kritisiert andere häufig, weil er glaubt, dass andere ihr Bestes geben wollen, und Kritik notwendig ist, um dieses Ziel zu erreichen. Kritisierte glauben, dass er mit seiner Kritik positive Ziele verfolgt.

5. *Praktiziert positive Kritik*

Er praktiziert positive Kritik und wird durch dieses Verhalten ein Vorbild für andere. Er zeigt, wie man Kritik übt und annimmt. Weil er positive Kritik praktiziert, erweitert er seine Kenntnisse, wie seine Kritikfähigkeit feiner abgestimmt werden kann, um erfolgreicher zu sein. Aber vor allem weiß er, dass man sich gut fühlt, die Kraft positiver Kritik weiterzugeben und anzunehmen.

Anhang
Fragenkatalog zur Kritik

Diesen Fragenkatalog gibt es seit über 20 Jahren. Er soll Ihnen helfen, Ihre Gedanken, Gefühle und Ihr Verhalten in Bezug auf Kritik am Arbeitsplatz zu klären. Durch das Ausfüllen dieses Fragenkatalogs erhalten Sie Informationen, mit denen Sie Ihre Kritikfähigkeit verbessern können, das heißt Kritik zu üben und anzunehmen.

Dieser Fragenkatalog hat sich in der Praxis bewährt. Unternehmen haben ihn eingesetzt, um die typischen Schwierigkeiten ihrer Mitarbeiter beim Umgang mit Kritik zu erkennen. Er wurde in Aus- und Weiterbildungsabteilungen verwendet, um Trainingsprogramme zu entwickeln. Kundendienstabteilungen haben diesen Fragenkatalog erfolgreich eingesetzt, um die Kritik der Kunden zu analysieren und die Kritikfähigkeit der Kundendienstmitarbeiter zu verbessern. Der Fragenkatalog wurde auch bei der Bildung von Teams eingesetzt, um die Kommunikations- und Kritikfähigkeit der Teammitglieder zu verbessern.

Wenn Sie diesen Kritik-Fragenkatalog an Ihre spezifischen Bedürfnisse anpassen oder mehr Informationen über seine Anwendung haben wollen, können Sie den Autor kontaktieren.

Fragenkatalog zur Kritik

Beantworten Sie bitte die folgenden Fragen so detailliert wie möglich. Wenn Sie Ihre Antworten analysieren, erhalten Sie wertvolle Informationen zur Verbesserung Ihrer Kritikfähigkeit, das heißt Kritik zu üben und anzunehmen.

1. Definieren Sie, was Sie unter »Kritik« verstehen:

_____

_____

2. Kreuzen Sie an, wie gern oder ungern Sie Kritik üben:

1	2	3	4	5	6	7	8	9
sehr gern							sehr ungern	

3. Kreuzen Sie an, wie gern oder ungern Sie sich kritisieren lassen:

1	2	3	4	5	6	7	8	9
sehr gern							sehr ungern	

4. Was machst es für Sie schwierig, bei der Arbeit Kritik zu üben?

_____

_____

5. Was macht es für Sie schwierig, bei der Arbeit kritisiert zu werden?

_____

_____

6. Am schwierigsten ist es für mich, folgende Kritik zu üben:

_____

_____

Begründung:

_____

_____

7. Am schwierigsten ist es für mich, folgende Kritik zu akzeptieren:

_____

_____

Begründung:

_____

_____

8. Am schwersten fällt es mir, die folgende Person zu kritisieren:

_____

_____

Begründung:

_____

_____

9. Am schwersten fällt es mir, Kritik von der folgenden Person zu akzeptieren:

_____

_____

Begründung:

_____

_____

_____

10. Am schwierigsten ist es für mich, Mitarbeiter/Kollegen/Vorgesetzte zu kritisieren.

_____

_____

Begründung:

_____

_____

_____

Am leichtesten ist es für mich, Mitarbeiter/Kollegen/Vorgesetzte zu kritisieren.

_____

_____

Begründung:

_____

_____

11. Am schwierigsten ist es für mich, von Mitarbeitern/Kollegen/Vorgesetzten kritisiert zu werden.

_____

_____

Begründung:

_____

_____

_____

Am leichtesten ist es für mich, von Mitarbeitern/Kollegen/Vorgesetzten kritisiert zu werden.

_____

_____

Begründung:

_____

_____

_____

12. Wer reagiert auf meine Arbeitskritik am stärksten und am wenigsten?

_____

_____

Begründung:

_____

_____

13. Weitere Gedanken über Kritik?

_____

_____

Register

Über den Autor

Dr. Hendrie Weisinger ist approbierter Psychologe mit ausgeprägten Erfahrungen in klinischer, beratender und Organisationspsychologie. Er ist führender Experte auf den Gebieten emotionale Intelligenz und Konfliktbewältigung. Er hat das allgemein anerkannte Kritik-Training entwickelt.

Dr. Weisinger ist Autor verschiedener erfolgreicher Bücher wie zum Beispiel *Emotional Intelligence at Work* (Deutsche Übersetzung: *Erfolg im Job mit EQ,* MVG-Verlag, Landsberg am Lech), *Dr. Weisinger's Anger Workout Book, Anger at Work* und des *New York Times*-Bestsellers *Nobody's Perfect.* Er trat über 500-mal in größeren US-amerikanischen Fernsehsendungen wie zum Beispiel *Oprah, Good Morning America* und *The Today Show* auf. Seine Arbeit wurde in zahlreichen Zeitungen und Zeitschriften wie zum Beispiel *The New York Times* (Sunday Business Section), *USA Today* und *Business Week* erwähnt. Sein Artikel »So You're Afraid to Criticize Your Boss«, der im *Wall Street Journal* erschien, wurde als einer der 60 besten Artikel für die »Manager's Column« ausgewählt und wurde in *The Wall Street Journal on Management* (veröffentlicht von Dow Jones) nachgedruckt. Sein Artikel »Tutored by Television« für *TV Guide,* erschien später in *The Congressional Record.*

Er hat Dutzende von Firmen, die auf der Rangliste der 500 größten Unternehmen der Zeitschrift *Fortune* stehen, Behörden, Schulen, Krankenhäuser, Berufsorganisationen und The Young President's Organization beraten.

Dr. Weisinger lehrt zur Zeit als Dozent im Rahmen von MBA-Programmen und Programmen zur Weiterbildung von Führungskräften an bekannten Universitäten wie zum Beispiel Wharton, Cornell, MIT, NYU, Rensselaer Polytechnic Institute, Wake Forest und Penn State.

Kontaktinformation

Wenn Sie Dr. Weisinger als Referenten oder Berater einladen wollen, können Sie ihn unter folgender Adresse kontaktieren:

The Learning Circle
001-978-371-8818